La cause humaine

Patrick Viveret

La cause humaine

Du bon usage de la fin d'un monde

LLL LES LIENS QUI LIBÈRENT

ISBN : 978-2-918597-66-7
© Les liens qui libèrent, 2012

PRÉFACE

Ce n'est pas seulement que je me sente en communauté d'idées avec Patrick Viveret. Chaque fois que je l'écoute ou que je le lis, une idée, une formule, une image, me font découvrir un aspect des choses qui m'était jusque-là invisible.

Comme lui, je ressens la nécessité de réintroduire dans la pensée politique la question anthropologique. Et je veux ici poursuivre cette réflexion.

Qu'est-ce qu'être humain ? Une politique dépend de la réponse à cette question. Si les humains sont bons, alors il faut leur laisser pleine liberté et éliminer toute entrave. S'ils sont mauvais, il faut au contraire aménager les contraintes pour les empêcher d'être nuisibles. S'ils portent en eux les potentialités contraires du bon et du mauvais, alors il faut une politique soucieuse de favoriser le bon et d'inhiber, voire de réprimer, le mauvais. Si l'être humain est raisonnable (*homo sapiens*) alors il faut faire appel à la rationalité. Mais si c'est un être de passions, alors il faut faire appel à la passion mais si possible dans un sens bénéfique.

De fait, le problème est encore plus complexe, parce que *homo sapiens* est aussi *homo démens*. Il porte en lui la possibilité du délire, non seulement dans les cas limites réputés pathologiques, mais aussi dans cette perte de toute régulation qu'est la démesure, l'*ubris* des grecs. Viveret nous le fait remarquer dans ce livre : la démesure est ce délire inconscient qui anime notre civilisation à la conquête du monde, à l'asservissement de la nature, à la croissance indéfinie, au toujours plus, à l'hégémonie de la quantité sur la qualité, à la vérité du calcul au détriment des vérités de la vie (qui sont l'épanouissement personnel et l'intégration communautaire), au profit du caractère matériel et appropriateur du bien-être et au détriment de son caractère affectif, psychique, moral. « Madness » : la considération de la folie humaine revient sans cesse chez Shakespeare, dont la lecture serait plus profitable à nos politiques que celles des cours de l'ENA.

Raison et folie sont deux pôles extrêmes de la réalité humaine entre lesquels circule l'affectivité. Celle-ci, comme l'ont montré Jean Didier Vincent et Antonio Damasio, est présente dans tout acte rationnel : le mathématicien le plus austère a la passion des mathématiques et le centre cérébral de l'émotion est activé dans et par l'activité rationnelle. Plus l'affectivité s'intensifie, plus elle échappe à la raison et plus elle devient passion. D'où ce principe inévitable : la passion a toujours besoin de raison pour ne pas sombrer dans le délire, la raison a besoin de la passion pour devenir généreuse. Il en découle que l'art politique doit comporter une dialectique permanente raison/passion, et faire appel à la fois à la raison et aux sentiments des citoyens en les combinant plutôt qu'en les opposant.

En outre, l'être humain est défini classiquement comme *homo faber*, fabricant d'outils, et l'essor technique de notre civilisation illustre de façon prodigieuse l'aptitude humaine à la création. Toutefois, dès l'origine de l'humanité, ce n'est pas seulement l'outil qui caractérise notre espèce, c'est la croyance en une vie après la mort, c'est la présence universelle dans toutes civilisations de magie, de mythes et de religion. La décroissance des religions de la résurrection céleste dans notre civilisation s'est accompagnée de l'essor d'une croyance au progrès comme loi de l'histoire humaine, puis d'une quasi-religion de salut terrestre au XXe siècle, le communisme. L'implosion du communisme n'a pas été suivie par la « mort des idéologies » mais par le triomphe d'une idéologie qui, comme toute idéologie moderne, se prétend scientifique, celle du néolibéralisme économique, moteur de l'actuelle mondialisation.

Or l'anthropologie de Karl Marx, et en général des penseurs socialistes (à l'exception de Fourier qui a détecté l'importance des passions humaines), n'a vu que l'*homo faber*, l'homme producteur, l'homme asservi au travail ou libéré par le travail, et n'a pas vu l'*homo mythologicus* l'homme imaginaire au cœur de la réalité humaine.

Enfin, la conception de l'*homo economicus*, survenue au XVIIIe siècle dans notre civilisation, n'a reconnu chez l'humain que son intérêt matériel, oubliant tout ce qui tient du désintérêt, du don, du jeu, de la dépense, ignorant l'*homo ludens* de Huizinga et l'homme s'auto-consumant de Georges Bataille.

Comme l'avait vu Pascal avant nous, l'homme est un tissu de contradictions. Et puisque l'homme est un être complexe, il est une nécessité d'une pensée politique complexe.

Nous ne devons pas réduire l'humain à un être individuel ; l'humain est une trinité dont les trois termes sont inséparables, interdépendants et inclus l'un dans l'autre : « individu », « société », « espèce ». D'où l'union au XIXe siècle de ces trois aspects dans l'aspiration politique révolutionnaire : épanouir l'individu (anarchisme), améliorer/transformer la société (socialisme), fraterniser les humains en communauté (communisme) ; ce à quoi il faut ajouter le souci écologique de la relation vitale de l'humain (individu, société, humanité) à la nature.

De fait, le ressourcement anthropologique de la pensée politique est un ressourcement humaniste. C'est l'humanisme profond de « la cause humaine »,

PRÉFACE

celui d'une politique vouée à affronter les problèmes fondamentaux de la vie humaine. Rousseau faisait dire au précepteur de l'*Émile*, évoquant son élève : « Je veux lui enseigner à vivre. » La politique devrait aujourd'hui se consacrer au vouloir vivre de l'humanité, emportée dans une course à l'abîme, et dans laquelle la vie humaine, elle même, pourrait être génétiquement modifiée par la révolution biologique en cours.

Il nous faut une pensée politique complexe, qui ait le sens des ambivalences et des contradictions, et qui sache relier des domaines artificiellement séparés. Viveret en donne l'exemple. Il a le sens des ambivalences de la mondialisation, de la modernité, de notre civilisation, des sociétés traditionnelles, de la crise).

Il développe dans la pensée politique l'exigence première de la reconnaissance de l'autre : « Le barbare, ce n'est pas l'autre, c'est au contraire le refus de l'autre. » Il y introduit ces trois termes interdépendants que sont « amour », « bonheur » et « sens ». Il remarque très justement le besoin de donner un sens à la (sa) vie. Je dirais pour ma part que le sens n'est donné ni par l'univers ni par la vie – au contraire on ne sait pas pourquoi le monde, pourquoi la matière, qu'est-ce que le réel, quel est le sens de la vie ? Les religions, les mythes, les idéologies, produisent du sens mais qui résistent peu à la réflexion critique. Il nous faut produire *notre* sens : l'amour, l'amitié, la fraternité, la solidarité, l'épanouissement de chacun, le vivre poétiquement, qui sont nos mythes vitaux.

Viveret introduit la psychologie profonde de l'humain dans la problématique politique. Nous subissons (et notre civilisation l'exaspère) l'alternance excitation/dépression alors qu'il nous faudrait lui substituer la complémentarité intensité/sérénité.

Viveret aborde aussi le problème de la mort. J'ajouterai qu'il ne suffit pas d'y répondre par l'acceptation de la finitude humaine, il faut aussi vivre dans l'intensité de l'amour et de la communauté qui seules refoulent (sans la supprimer) l'angoisse de mort.

Viveret réintroduit l'humain dans la pensée politique. Cela renforce son diagnostic politico-civilisationnel.

Il démontre que le désir d'être a été détourné dans l'avoir : sous l'apparence d'une économie du bien-être se cache une économie du mal-être.

« Quand le cœur d'une société, voire d'une civilisation, réside dans l'économique – ce qui ne s'était encore jamais produit dans l'histoire de l'humanité –, quand au cœur de l'économie se trouve l'organisation financière et qu'au cœur de cette organisation financière règnent l'euphorie et la panique, il n'est pas très étonnant que le système devienne profondément insoutenable. »

« Le couple infernal formé par la démesure du productivisme et celle du capitalisme financier nous entraîne ainsi vers des seuils de rupture écologique dramatique. »

Il donne à voir le délire des dépenses militaires (1 600 milliards de dollars), des dépenses publicitaires (1 200 milliards de dollars), de l'économie des stupéfiants dont les progrès sont les indices d'un mal-être se généralisant.

Ce livre fourmille de propositions et de suggestions que le lecteur découvrira. Celle, par exemple, qui pour inverser le cours d'une inégalité croissante propose « un bouclier vital » pour les pauvres, un revenu maximal pour les riches.

Il incite au final à lier la résistance créatrice, l'expérimentation anticipatrice et la vision transformatrice, afin de sortir, dit-il « de l'âge de pierre de l'humanité ». Ne vivons-nous pas plutôt l'âge de fer de l'humanité qui n'arrive pas à devenir humanité ? Ne devons-nous pas essayer de sortir de la préhistoire de l'esprit humain ?

Edgar Morin

PROLOGUE

Les tours et les tentes

> *Lorsque je jette mon regard tout autour, je rencontre les ruines d'une orgueilleuse civilisation qui s'écroulent et s'éparpillent en vastes amas de futilités. Pourtant je ne céderai pas au péché mortel de perdre confiance en l'homme : je fixerai plutôt mon regard vers le prologue d'un nouveau chapitre dans son histoire.*
>
> Rabindranath Tagore[1]

Dégradation : le mot évoque l'humiliation, la déchéance... Janvier 2012 : la France est dégradée, comme le sont la plupart des pays européens. Dégradés, mais par qui et pourquoi ? Est-ce à cause du génocide au Rwanda ? Ou pour avoir assisté sans

---

1. Rabindranath Tagore, extrait de « L'offrande lyrique », 1912. Toutes les citations placées en exergue dans ce livre sont tirées d'un programme de l'Unesco, « Pour un universel réconcilié », construit autour de trois grands poètes du Sud : Rabindranath Tagore, Pablo Neruda et Aimé Césaire.

réagir aux massacres de Srebrenica ? Est-ce, rétrospectivement, pour les crimes de l'époque coloniale ? Six mois plus tôt, ce sont les États-Unis qui étaient dégradés. Pour cause de ségrégation raciale, de crimes contre l'humanité en Irak ?

Allons, vous n'y êtes pas. La dégradation n'est pas prononcée par une haute autorité morale ou spirituelle, ni même par une Cour des droits de l'homme, mais par une plus prosaïque agence de notation. Une agence nommée Standard & Poor's qui, avec ses consœurs Fitch et Moody's, mesure le risque que des acteurs économiques ne remboursent pas leur dette. Le triple A signifie que le risque est nul, le triple C que le risque est maximum. Au-delà, il n'y a plus de note...

Il faudrait peut-être en créer une, justement, pour ces mêmes agences de notation, par exemple un triple D pour sanctionner leur défaut d'anticipation, d'évaluation et de responsabilité.

– Défaut d'anticipation : aucune de ces agences n'avait vu venir l'effondrement de grandes entreprises comme Enron, de grandes banques comme Lehman Brothers, de produits toxiques comme ces prêts à taux variable nommés subprime, vendus cyniquement à des ménages américains dont on savait qu'ils ne pourraient pas les rembourser. Tous ces acteurs bénéficiaient du triple A à la veille de leur faillite !

– Défaut d'évaluation : aucun des critères de leur système de notation ne s'inquiète du minimum requis pour obtenir un label « responsabilité sociale », intégrant des considérations écologiques et sociales, et pas uniquement économiques – les fameux piliers du « développement durable ». Pas l'once d'un indicateur écologique, social ou même lié à l'économie réelle ; rien que des critères financiers...

– Défaut de responsabilité : la dégradation financière d'un pays peut avoir deux effets pervers. Elle peut d'abord le conduire à couper dans ses dépenses sociales et à mettre en danger la richesse réelle que représente pour la grande majorité de la population l'accès aux soins, à l'éducation et à des services publics non dégradés, justement. Elle peut ensuite entraîner une aggravation du poids des intérêts de sa dette, puisque les taux d'intérêt pratiqués sur les marchés financiers seront encore plus lourds. Le pays peut ainsi être confronté, comme c'est le cas de la Grèce, au cercle vicieux de l'appauvrissement et de l'endettement.

Bel exemple d'irresponsabilité alliée à un cruel défaut d'anticipation et de vision...

Jusqu'où peut conduire ce cercle vicieux de l'appauvrissement ? À mettre à la rue des millions de personnes, comme cela s'est passé aux États-Unis lorsque les nouveaux propriétaires, abusés par les crédits alléchants qu'on leur avait fait miroiter et incapables de rembourser des intérêts devenus prohibitifs, ont été expulsés de leur logement. Les banquiers eux-mêmes qualifiaient de « bombes à neutrons » ces subprime qu'ils leur avaient vendus. Pourquoi bombes à neutrons ? Parce qu'elles détruisent les personnes mais laissent intact le matériel ! À ce niveau, l'irresponsabilité se mue en cynisme meurtrier. Donc, la logique ultime, c'est la rue et la tente dans la rue...

Tiens, des tentes... Où voyons-nous également des tentes ? Au pied des tours, ces tours qui expriment l'abondance et l'arrogance du monde de la richesse. Des tentes à Wall Street, et des tentes au pied des tours de La Défense, le Wall Street français. Ces mêmes tentes qui, de toits pour sans-abri, sont devenues le symbole de la résistance au despotisme politique et à l'oligarchie financière, du Caire à Tel-Aviv, de la Puerta del Sol madrilène à toutes les places du monde où campent des Indignés.

New York, 11 septembre 2011 : images en boucle de l'attentat contre le World Trade Center pour le dixième anniversaire de l'événement. La symbolique de l'effondrement des tours, signes de la puissance de la technologie et du marché, paraît plus forte encore dix ans après, à l'heure de la crise financière et de Fukushima. Tout comme cette image du Pentagone en feu, manifestation de la vulnérabilité de cette hyperpuissance, qui se confirmera dans le double échec des interventions en Afghanistan et en Irak. Interventions pourtant censées être la réponse foudroyante de l'Amérique au terrorisme, et ce au nom de la grande cause occidentale, celle de la lutte contre l'Axe du Mal...

Pourtant, le capitalisme financier n'est-il pas en train de réussir là où Ben Laden a échoué, c'est-à-dire à détruire le cœur d'une civilisation ?

Quelle civilisation, au fait ? Ah oui, on l'appelle l'« Occident chrétien »... Et quel fut son événement fondateur ? Tiens, la naissance de son dieu dans une grotte servant d'étable... Une tente de l'époque, donc !

Serait-ce que la tente recèle plus de promesses que la tour ?

N'est-ce pas ce message que nous transmettent les sages et les prophètes qui témoignent des deux autres racines de cette même civilisation ? Celle du choix entre le veau d'or et la terre promise, entre Dieu et Mammon, symbole de l'argent élevé au rang de divinité, selon les prophètes juifs de l'Ancien Testament. Celle d'Athènes, jeune démocratie grecque déjà mise en péril, selon Aristote, par l'économie spéculative de l'époque, qu'il appelait la « chrématistique » pour caractériser le dérapage de l'économie quand elle faisait de l'argent une fin et non plus un moyen...

Étonnant renversement, car quel est, avec la critique du « veau d'or » et de l'argent fétichisé, le point commun entre la sagesse grecque, la prophétie biblique et le message évangélique[1], sinon de nous rappeler que la question du mal est d'abord intérieure et que nul être humain, nul groupe, nulle civilisation n'est à l'abri de la barbarie.

Et l'ennemi terroriste qui a fait si peur à une Amérique qui se croyait chrétienne, où a-t-il trouvé le sens et l'énergie pour perpétrer ces attentats meurtriers ? Ces hommes aux commandes des avions suicides ont été formés dans les universités occidentales ; ils auraient pu réussir dans les domaines de l'argent, du pouvoir, de la technologie, et devenir dans leur propre pays de nouveaux oligarques bénéficiant des largesses de l'Oncle Sam, à l'image de la famille Ben Laden, grande alliée du lobby pétrolier américain et du clan Bush. Qu'est-ce qui leur a insufflé cette pulsion mortifère qui les a retournés contre leur propre jeunesse, que leurs cibles soient New York, Madrid ou Toulouse ? Une autre cause, précisément, suffisamment forte pour justifier leur

---

1. Qui entrent ainsi en résonance avec toutes les grandes traditions spirituelles orientales.

martyre et le massacre de milliers d'innocents. Une cause qui défigure tout autant l'islam que les croisades ont défiguré le christianisme ou la politique israélienne de colonisation des terres le judaïsme. Une cause qui recourt quasiment aux mêmes mots, aux mêmes symboles que celle de l'Axe du Mal : c'est toujours le grand Satan qu'il s'agit de combattre. Il est américain dans un cas, islamiste dans l'autre, mais il est toujours le mal des autres, celui du barbare, de l'ennemi, de l'infidèle. En ligne de mire, c'est toujours l'Autre, qu'il habite le même quartier ou à l'autre bout du monde.

Sommes-nous condamnés à assister impuissants à cette tragique répétition de l'histoire sanglante des collectivités humaines, justifiant toutes les violences au nom des causes supérieures de la nation, de la religion, de la civilisation ? Devrons-nous voir de nouveau ces images terribles de religieux bénissant des canons et de troupes prêtes à en découdre pour défendre leur grande cause, ce cycle infernal qui débouche toujours sur de semblables désastres ?

Les vainqueurs eux-mêmes sont perdants dans ce jeu à somme nulle, et ce sont souvent les perdants d'hier que l'on voit revenir sur le devant de la scène, car l'interdiction qui leur est faite de reconstruire des armées coûteuses leur permet de relancer plus facilement leurs économies. C'est ce qu'ont démontré de façon spectaculaire les exemples du

Japon et de l'Allemagne, les deux grands vaincus de la Seconde Guerre mondiale devenus deux géants économiques à peine vingt ans après leur effondrement. En réalité, les logiques de rivalité qui culminent dans la guerre, qu'elle soit économique, sociale, politique, militaire ou religieuse, finissent toutes par conduire à cette impasse. Et dans ce monde en plein bouleversement qui est le nôtre aujourd'hui, l'exacerbation des rivalités peut mener à de nouvelles régressions, aussi terribles que celles qu'a connues la première moitié du XXe siècle.

Pourtant, cet enchaînement n'est pas fatal. Derrière la face sombre de la mondialisation, qui s'identifie à une globalisation financière entrée en crise sous le poids de sa propre démesure, il existe une autre approche de la mondialité[1], centrée sur la conscience de cette communauté de destin qui lie l'humanité pour le pire mais aussi pour le meilleur. Je me souviens que, le 11 septembre 2001, en entendant les journalistes demander : « Qui a fait cela ? », je me suis dit : « Ce qui est sûr, c'est que ce sont des humains qui ont fait le coup ! » Une évidence

---

1. J'ai découvert que ce terme, que j'utilise souvent depuis dix ans de préférence à celui de mondialisation, était au cœur de l'approche d'Édouard Glissant, dont je suis familier depuis peu et avec laquelle je me sens en profonde résonance.

paradoxale : ce ne pouvaient être ni des extraterrestres, ni des animaux ; il ne s'agissait pas non plus du résultat d'une catastrophe naturelle ou technologique. C'étaient bien des humains fanatisés par ce qu'ils croient être une cause juste qui avaient commis ce crime contre l'humanité. Et ce sont encore des humains, américains cette fois, qui, pour justifier leur invasion de l'Irak, sont allés jusqu'à falsifier des documents, à mentir devant le Conseil de sécurité de l'ONU, à pratiquer la torture à Guantánamo, bref à sombrer eux-mêmes dans cette barbarie qu'ils prétendaient combattre. Tout comme, hier, de grandes civilisations européennes ont été capables d'immenses barbaries au nom de la vertu civilisatrice de la colonisation.

Avoir été victime ne garantit en rien que l'on ne deviendra pas soi-même bourreau, que l'on soit français ou algérien, juif ou palestinien, hutu ou tutsi, serbe ou bosniaque. Les colonisés d'hier peuvent se faire oppresseurs ; les victimes de génocide peuvent se faire occupants ; les anciens convertis de force peuvent se faire inquisiteurs. Car la barbarie n'est pas extérieure, mais intérieure. Toutes les sagesses pluriséculaires ou millénaires, toutes les traditions spirituelles nous répètent que chaque nation, chaque civilisation, chaque collectivité – de même que chaque être humain – est traversée par la question du rapport au mal. Le barbare, ce n'est pas l'autre, c'est au contraire le refus de l'autre. Et la seule cause qui vaille, la seule qui ne serve pas à détruire des humains ou à justifier des crimes, des dominations ou l'exploitation d'autres humains, c'est la cause de l'Humanité même. Une cause d'autant plus essentielle que notre espèce est entrée dans une période critique de sa propre histoire, où elle peut aussi bien se perdre que, au contraire, progresser dans l'humanisation. Tel est bien l'enjeu de la « Cause humaine », ce nouvel horizon de toute politique d'avenir digne de ce nom.

PREMIÈRE PARTIE

Sortons du mur !

Il m'est arrivé souvent de renaître. Je naissais du fond d'étoiles vaincues. Je reconstruisais le fil des éternités.

Pablo Neruda

La fin de ce monde n'est pas la fin du monde

Le thème de l'apocalypse est à la mode. La date de la fin du monde est même déjà fixée : ce sera le 21 décembre 2012. Cette fois, c'est le calendrier maya qui sert de référence. Vieux de plus de 5 000 ans, il s'arrête à cette date fatidique. Gageons que les joyeux parieurs qui se sont donné rendez-vous le 22 décembre 2012 seront nombreux et qu'ils auront raison, comme ont eu raison avant eux tous ceux qui n'avaient cru ni à la fin du monde de l'an 1000, ni à celle de l'an 2000, ni à toutes celles qui ont été annoncées depuis l'aube de l'humanité. Mais la peur d'une fin des temps est toujours révélatrice d'une période historique qui s'achève.

Une période se termine, mais une autre s'ouvre. Ce qui différencie fondamentalement l'attitude des résignés de celle des bâtisseurs, c'est que les premiers ne voient que le déclin et la chute, quand les seconds pressentent la germination créatrice même au cœur de l'épreuve.

Car qu'est-ce qu'un temps d'apocalypse ? C'est un temps de bouleversements qui peuvent revêtir des traits catastrophiques, certes. Mais c'est aussi un temps de « dévoilement ». Sur ce point, le philosophe marxiste italien Antonio Gramsci rejoint l'évangéliste saint Jean. « La crise, écrit-il, se produit lorsque le vieux monde n'en finit pas de disparaître et que le monde nouveau n'en finit pas de naître. Et, dans ce clair-obscur, des monstres peuvent apparaître. »

Ces monstres sont déjà là, et l'année 2011 a rassemblé de manière spectaculaire quantité d'éléments susceptibles d'alimenter les sentiments de peur et d'impuissance que peut susciter la conjonction des crises. Sur le plan économique, ce fut la simultanéité de la crise de la zone euro et du risque de défaut de paiement des États-Unis, sanctionnés par une dégradation historique de leur notation. Sur le plan écologique, ce furent la grande sécheresse aux États-Unis et en Russie et, signe de la montée annoncée du niveau des mers, les inondations spectaculaires à Bangkok. Sur le plan social, il y a eu la famine dans la corne de l'Afrique, les émeutes dans les banlieues de Londres et, en France, la démission fracassante de Xavier Emmanuelli, président du Samu social, pour protester contre la réduction des hébergements d'urgence. Sur le plan politique, enfin, on peut citer la répression sanglante des opposants par le régime syrien, ou encore le massacre de jeunes travaillistes norvégiens par un obsédé de l'« l'islamisation » et de la « féminisation » de l'Europe... Bref, tous les ingrédients sont réunis pour nourrir cette peur d'aller dans le mur qui caractérise nos sociétés depuis plusieurs années.

Il est vrai que, faute d'avoir traité à temps les causes de la crise systémique qui s'est déclenchée en 2008, nous entrons maintenant dans une période de catastrophes elles-mêmes systémiques : après la tragédie japonaise de Fukushima, l'explosion programmée du système financier mondial en constitue l'illustration la plus frappante. Véritable chronique d'un désastre annoncé, la crise conjuguée des deux principales monnaies mondiales, le dollar et l'euro, résulte de l'incapacité des gouvernements et des institutions internationales à imposer les régulations nécessaires à des marchés financiers saisis par la démesure spéculative. Et, du fait de l'interdépendance technique, financière et culturelle qui est au cœur du processus de mondialisation, c'est du même coup une période chaotique de l'histoire qui s'ouvre.

Construire la résilience, préparer la métamorphose

Mais cette période de chaos peut être aussi, comme tous les grands bouleversements, l'occasion d'un saut qualitatif dans l'histoire de notre humanisation. À condition d'allier l'« optimisme de la volonté » au « pessimisme de l'intelligence », comme le proposait Gramsci, décidément grand inspirateur pour périodes historiques troublées. Il nous faut être à la fois totalement lucides sur l'ampleur des risques et capables de construire une nouvelle espérance sur la base des forces de renouveau qui ont commencé à émerger au cours des dernières décennies. Après tout, même cette année meurtrière recèle nombre de facteurs d'espérance. Citons-en quelques-uns : la résistance héroïque et non violente du peuple syrien malgré la répression ; la chute de Kadhafi ; la réaction des associations internationales face à la famine en Somalie, facilitée par le retrait des groupes paramilitaires, qui interdisaient les distributions de vivres ; l'imagination créatrice des Indignés, capables de mobiliser en une journée mondiale des Espagnols, des Américains, des Israéliens et des représentants des mouvements démocratiques arabes ; la première interdiction des ventes à découvert, qui constituent l'une des pratiques les plus scandaleuses de l'économie-casino[1] ; la relance du débat sur la nécessité d'une taxe sur les transactions financières ; la multiplication des monnaies sociales et locales, etc. Et que dire de cet incroyable institut du futur, en Inde, promoteur d'une « ingénierie frugale » et dont la devise est : « D'une manière douce, vous pouvez secouer le monde »[2] ? En fait, chaque jour, des signes multiples montrent que des forces de vie, de paix et de démocratie sont à l'œuvre non seulement pour empêcher le pire, mais aussi pour promouvoir le meilleur.

C'est tout l'enjeu de ce que Boris Cyrulnik évoque sous le terme de « résilience ». Empruntant ce concept à l'univers de la physique (où il désigne la capacité d'un corps à retrouver forme après un choc), il l'a appliqué à l'univers psychique et émo-

---

1. La vente à découvert est un des fleurons de l'économie spéculative : elle permet de vendre avant d'avoir acheté, puisqu'il s'agit d'un pari sur le futur où l'on spécule sur un futur prix, le gagnant empochant la différence entre le prix estimé et le prix réel à une date plus ou moins lointaine.
2. Il s'agit de l'Indian Institute of Technology de Bombay. Cf. *Le Monde*, 14 août 2011.

tionnel[1]. J'en propose ici une nouvelle extension, complémentaire, qui exprime la capacité collective des sociétés humaines à surmonter des chocs majeurs. Le Japon, à cet égard, nous offre un bel exemple. Si le modèle dominant de l'individualisme compétitif avait prévalu comme réponse à la triple catastrophe du tremblement de terre, du tsunami et de l'accident nucléaire de Fukushima, la société japonaise aurait été en proie au sauve-qui-peut et à la panique. Or elle a développé une capacité de résilience fondée sur le triptyque solidarité/civilité/sérénité. Il s'agit là d'un élément essentiel pour construire ce que l'on pourrait appeler un « imaginaire post-catastrophes ». Et cette capacité de résilience doit elle-même s'inscrire dans une stratégie transformatrice plus ample, celle que, à la suite de Jacques Robin et Laurence Baranski[2], Edgar Morin a nommée la nécessité de la métamorphose et qu'il développe dans son livre *La Voie*[3].

---

1. Cf. notamment Boris Cyrulnik, *Un merveilleux malheur*, Odile Jacob, 1999.

2. Jacques Robin, Laurence Baranski, *L'Urgence de la métamorphose*, Des idées et des hommes, 2007.

3. Edgar Morin, *La Voie*, Fayard, 2011.

Dépasser la peur, sortir du mur

Encore faut-il, pour le comprendre et plus encore pour le vivre, nous libérer de l'angoisse qui nous étreint. Car c'est cette angoisse à la fois diffuse et opaque qui nous empêche d'agir au moment même où la conjonction des crises – financière, écologique, sociale, géopolitique – peut nous mener aux pires catastrophes si nous ne faisons rien pour changer nos modes de production, de consommation, de distribution, et, plus radicalement, nos manières de vivre. C'est cette angoisse qui nous conduit, comme l'a pointé fort justement Jean-Pierre Dupuy dans son livre *Pour un catastrophisme éclairé*[1], à adopter à l'égard des catastrophes dont on découvre après coup qu'elles étaient prévisibles l'étonnante attitude qu'il résume par cette expression : « Nous le savions, mais nous n'y croyions pas ! » L'ampleur même de cette angoisse et son opacité ont en effet pour contrepartie la mise en place d'une véritable stratégie d'évitement, en grande partie inconsciente. La peur d'« aller dans le mur » constitue ainsi l'un des motifs majeurs du blocage de notre imaginaire

---

[1]. Jean-Pierre Dupuy, *Pour un catastrophisme éclairé*, Seuil, 2002.

et favorise les comportements d'impuissance et de sauve-qui-peut individuels.

Pourtant, posons-nous la question : et si ce mur, nous l'avions déjà percuté ? Et si l'enjeu désormais était non pas d'éviter d'y aller, mais de commencer à en sortir ?

Que voyons-nous, en effet, si nous observons dans le rétroviseur ces quarante dernières années ? Nous constatons que quantité de situations actuelles, parfois quotidiennes, auraient paru à l'époque relever du fameux risque de percussion murale. C'est le cas de l'élévation gravissime du taux de CO_2 dans l'atmosphère et de son cortège de désastres naturels (sécheresses, canicules, inondations, tempêtes, etc.), ou encore des catastrophes technologiques majeures telles que Seveso, Bhopal, Tchernobyl ou Fukushima. Mais, de la même façon, auraient paru relever du fameux mur à éviter, aux yeux des courants humanistes, fussent-ils de tradition conservatrice, le creusement des inégalités sur le plan social, les programmes d'austérité d'un caractère inédit, l'explosion du capitalisme financier, la montée de l'intolérance se traduisant par l'influence croissante de mouvements xénophobes au cœur même de l'Europe... Nous sommes en réalité comme la grenouille qui ne réagit pas tandis qu'on l'ébouillante progressivement. Nous avons déjà fait un long chemin avec l'inacceptable, et paradoxalement notre obsession d'éviter le mur a pour effet de nous rendre aussi impuissants que le lapin face au boa.

Soyons le changement que nous proposons !

Cette transition, cette métamorphose, nécessaire pour « sortir du mur », il serait trop simple de la réserver aux autres. Rien n'est plus facile que de se construire un ennemi supposé cause de tous nos maux. Rien n'est plus difficile pour une communauté que d'organiser le travail sur elle-même afin de progresser dans sa qualité d'humanité. C'est la raison pour laquelle les effondrements les plus graves font suite à des crises internes à des collectivités, et sont alors source de désespoir plus que d'un sentiment de défaite ou d'échec. Ce n'est pas la force du capitalisme qui a conduit à la chute du communisme, et ce n'est pas Ben Laden, mais le capitalisme financier, qui porte aujourd'hui les plus rudes coups à l'Occident. Toute action transformatrice, surtout si elle se veut radicale, doit donc tenter de traiter la difficulté de la question humaine *à sa racine* et ne pas se contenter de prôner le changement pour les autres.

Nous sommes entrés dans un conflit mondial entre les vieilles forces, animées par un désir de domination, que celle-ci soit politique, économique ou religieuse, et les forces nouvelles, animées par un désir d'humanité qui les conduit à construire un autre rapport politique au pouvoir, un autre rapport économique à la richesse, un autre rapport spirituel au sens. Ces forces nouvelles commencent à comprendre que le travail sur elles-mêmes fait partie d'une stratégie de non-violence active face aux logiques de guerre et de domination. Elles reprennent ainsi à leur compte le slogan de Gandhi : « Soyons le changement que nous proposons ! » Car Gandhi savait – et l'histoire lui a donné raison – que le plus difficile n'était pas de promouvoir l'indépendance de l'Inde face à l'Empire britannique ; c'était de surmonter les guerres identitaires entre hindous et musulmans, qui ont été et sont encore au cœur du conflit entre l'Inde et le Pakistan. Une lutte de libération contre un dominant, surtout si c'est un occupant, est relativement simple à conduire. Mais, une fois la victoire acquise, le dominé d'hier se transforme lui-même en dominant. On le comprend très bien en observant les difficultés que rencontrent les anciens pays colonisés pour réussir leur véritable libération, la libération de la logique de domination elle-même, qui refabrique des despotismes politiques, économiques ou religieux.

SORTONS DU MUR !

*Une perspective pour l'Europe,
un enjeu pour la France*

S'il est une terre qui a appris à ses dépens que le risque de la barbarie n'est pas extérieur, mais intérieur, c'est bien l'Europe. Elle a vu monter le pire de l'inhumanité à travers deux guerres mondiales, trois faits totalitaires (le nazisme, le fascisme, le stalinisme) et la plus grave entreprise génocidaire de l'histoire, en ce XXe siècle qui s'annonçait pourtant, à son aube, comme celui de tous les progrès. Or si cette Europe présentée aujourd'hui comme déclinante et vieillissante, en proie à la crise, n'a plus les moyens de la domination, elle peut en revanche constituer un espace privilégié de création et d'expérimentation au service d'une vision mondiale d'un développement humain soutenable. Pour la France, l'enjeu est d'éviter le recours au repli défensif et dépressif qui suit généralement les temps d'arrogance et de prétention dominante.

Deux signaux récents – deux succès publics totalement improbables – nous montrent que, dans notre pays marqué par une vision sombre de l'avenir[1], l'espérance et l'énergie créatrice ne sont pas mortes. Le

---

1. Selon un sondage international, la France serait la championne mondiale du pessimisme.

premier, c'est l'engouement pour le film *Des hommes et des dieux*, de Xavier Beauvois. Il révèle l'attachement du public à l'idée d'échange, puisque l'histoire de ces moines français de Tibhirine, en Algérie, assassinés en 1996, loin d'alimenter la crainte de l'islam, est un hymne au dialogue entre les religions et une démonstration que l'amour peut être plus fort que la mort. Le second signal, ce sont les ventes phénoménales du petit livre *Indignez-vous !*, de Stéphane Hessel[1]. Cet incroyable jeune homme de 94 ans à la générosité subversive appelle à une « insurrection pacifique ». La formidable réception de son message prouve à quel point l'esprit de résistance à l'injustice reste fort dans un pays que l'on croyait résigné. La France, de par sa tradition universaliste, est un terreau privilégié de l'alternative « choc vs. dialogue » entre les civilisations.

Ce qui se joue à l'échelle mondiale se joue aussi dans notre pays et dans nos cités. Au croisement de la question sociale et de la question religieuse, la montée des phénomènes de repli identitaire se situe autant du côté des Français dits « issus de l'immigration » que du côté de ceux que le Front national appelle les « Français de souche » – une appellation qui, quand on l'examine de près, est d'autant plus discutable que la souche en question n'est, dans la

---

1. Stéphane Hessel, *Indignez-vous !*, Indigène, 2010.

plupart des cas, qu'une immigration antérieure. De même, avec un espace européen de plus en plus menacé par l'essor de courants xénophobes, on pourrait voir le principal acquis de ces soixante dernières années – la paix – remis en cause si se réenclenchait, comme dans les années 1930, le mécanisme infernal de la destruction des classes moyennes.

Il vaut la peine de revenir sur cet enchaînement meurtrier qui conduit à la dislocation de sociétés entières et à l'installation de logiques autoritaires. Il se déroule en quatre grands actes.

Acte I. Les effets de la dérégulation économique et financière creusent les inégalités et scindent les classes moyennes en deux : la fraction la plus aisée bénéficie de revenus supplémentaires liés à la possession d'un capital (immobilier, placements et rentes de toute nature) ; la seconde fraction, qui tire ses revenus du seul travail, est victime de la stagnation des salaires, de la précarisation croissante, du chômage et de la baisse des revenus de transfert ou de leur équivalent – la gratuité des services publics et sociaux, qui constitue classiquement une part importante du revenu des classes moyennes.

Acte II. Cette fraction des classes moyennes la plus modeste (elle vient de la classe ouvrière aujourd'hui, paysanne hier), qui se vivait jusqu'alors comme étant en ascension, se retrouve en proie à un fort sentiment de déclassement et d'injustice, source de colère sociale. Rationnellement, cette colère devrait se tourner contre les ultrariches et contre le système économique qui est à l'origine de la situation. Mais, comme l'a bien montré Wilhelm Reich dans son livre *La Psychologie de masse du fascisme*, les choses se passent tout autrement lorsqu'on se place sur le plan émotionnel. C'est en maintenant la « distinction » (cf. Pierre Bourdieu) par rapport à plus pauvre ou plus bas qu'elles-mêmes dans l'échelle sociale que les classes moyennes en perdition tentent d'échapper au déclassement. Elles sont donc particulièrement sensibles à tout discours qui situe la cause de ce déclassement du côté des plus pauvres. Dans cette perspective, l'immigré d'hier (d'origine européenne) ou celui d'aujourd'hui (d'origine maghrébine ou subsaharienne) constituent la figure idéale du bouc émissaire.

Acte III. Dans ce terreau devenu à nouveau fertile pour la « bête immonde » (cf. Bertolt Brecht), les courants extrémistes autoritaires et xénophobes jusque-là marginaux trouvent une base sociale solide. Si par ailleurs la classe politique démocratique, ignorant le danger, se perd dans ses querelles internes et se révèle incapable d'enrayer la machine de casse sociale, alors des leaders et des forces émergent qui, au bout d'un certain temps, sont susceptibles de gagner une influence décisive dans un pays, puis d'accéder au pouvoir.

Acte IV. Comme ces forces se nourrissent de la peur et de la haine, elles ne peuvent se maintenir au pouvoir qu'en instaurant des logiques guerrières et des formes de gouvernement autoritaires. La course au pire est alors lancée : Dantzig hier, un conflit lié à la bombe iranienne demain ?

Qui peut nier que ce processus éminemment dangereux, qui a caractérisé l'entre-deux-guerres, est aujourd'hui de nouveau en marche ?

De l'oligarchie à la tentation autoritaire

L'idée selon laquelle la démocratie ne serait pas adaptée aux enjeux du XXIe siècle est avancée de plus en plus ouvertement par nombre de défenseurs du système dominant. Hervé Kempf, dans son livre *L'oligarchie ça suffit, vive la démocratie*[1], cite quelques exemples significatifs :

Ainsi, Samuel Huntington, auteur du célèbre *Choc des civilisations*[2], dans un rapport de la Trilatérale de 1975 intitulé *Crisis of Democracy*, consi-

---

[1]. Hervé Kempf, *L'oligarchie ça suffit, vive la démocratie*, Seuil, 2011, p. 18-20. Les citations qui suivent sont tirées de ce livre.

[2]. Samuel Huntington, *Le Choc des civilisations*, Odile Jacob, 1997.

dère que « plusieurs des problèmes de gouvernance aux États-Unis aujourd'hui découlent d'un excès de démocratie », et conclut : « Le bon fonctionnement d'un système politique requiert habituellement une certaine mesure d'apathie et de non-engagement d'une partie des individus et des groupes » (*sic !*).

Bryan Caplan, dans *Le Mythe de l'électeur rationnel*, suggère que l'économie se porterait mieux si l'on se « reposait moins sur la démocratie et plus sur les choix privés et les marchés libres ». David Rockefeller, dans *Newsweek* en 1999 : « Dans les dernières années, une large partie du monde a tendu vers les démocraties et les économies de marché. Cela a amoindri le rôle des gouvernements, ce qui est quelque chose à quoi les hommes d'affaires sont favorables. Mais l'autre aspect de ce phénomène est que quelqu'un doit prendre la place du gouvernement, et les entreprises me semblent être l'entité logique pour le faire. » Berlusconi, lui, citait carrément Mussolini : « J'ai lu les journaux intimes de Mussolini. J'ose vous citer [les] paroles. Il estimait que son pouvoir se limitait à dire à son cheval d'aller à droite ou à gauche. »

En France, Alain Minc, proche conseiller du président de la République, a estimé dans *Le Point* que « leur faire croire [aux peuples européens] qu'ils doivent être consultés à chaque grande étape de la construction européenne est non seulement démagogique, mais criminel ».

Sans doute ce genre de propos s'est-il fait plus discret avec la survenue du printemps arabe, qui a témoigné d'un renouveau de l'énergie démocratique. Difficile dans ce contexte de continuer à louer le « despotisme éclairé » chinois, comme le faisait Thomas Friedman, éditorialiste du *New York Times*, écrivant tranquillement : « Une autocratie gouvernée par un parti unique présente certainement des défauts. Mais quand elle est dirigée par un groupe de gens raisonnablement éclairés, comme c'est le cas en Chine aujourd'hui, elle peut aussi avoir de grands avantages. C'est qu'un parti unique peut imposer des politiques difficiles à faire accepter mais essentielles pour faire avancer une société dans le XXIe siècle » !

Cette approche continue en réalité d'être structurante dans le traitement de la crise financière, en particulier en Europe. L'installation, en Grèce et en Italie, de gouvernements de techniciens mettant en œuvre des programmes d'austérité paraît d'autant plus injuste que l'on fait ainsi payer aux peuples les conséquences des dérèglements financiers. Circonstance aggravante : les hommes portés au pouvoir sont pour beaucoup liés à la banque Goldman Sachs, qui incarne les traits les plus cyniques du capitalisme financier de ces dernières années.

Goldman Sachs, symbole sinistre de l'économie-casino

La banque Goldman Sachs est extrêmement influente sur le plan économique, mais aussi politique, puisqu'elle a compté dans ses rangs ou parmi ses conseillers proches des hommes tels que Henry Paulson et Robert Rubin, anciens secrétaires d'État au Trésor des États-Unis, Mario Draghi, gouverneur de la Banque d'Italie puis président de la Banque centrale européenne, ou encore Mario Monti, successeur de Berlusconi à la tête d'un gouvernement de technocrates visant à instaurer l'austérité en Italie.

Cette influence est d'autant plus dangereuse que Goldman Sachs s'est illustrée tout au long de son histoire par des dérèglements, des comportements totalement cyniques et même des fraudes. Surnommée « la Firme », la banque d'affaires new-yorkaise constitue un exemple caricatural des multiples conflits d'intérêts qui caractérisent les « supermarchés » de la finance. En avril 2010, elle a ainsi été poursuivie par le gendarme de la Bourse américaine, la Securities and Exchange Commission (SEC), pour une fraude liée aux subprime – les crédits immobiliers à risque jugés responsables du déclenchement de la crise financière. Son directeur financier, David Viniar, responsable du contrôle des risques, avait ordonné le délestage progressif de ces actifs toxiques tandis que, parallèlement, l'établissement continuait de les vendre, comme si de rien n'était, à ses clients.

> Lorsque la bulle a éclaté, Goldman a empoché des bénéfices substantiels. Spécialiste du double jeu spéculatif, elle n'en était pas à son coup d'essai puisque, dès 1928, elle avait créé un système comparable – un système « à la Ponzi » qui fit il y a peu la célébrité du fraudeur Bernard Madoff.
>
> En juillet 2009, le magazine américain *Rolling Stone* a publié un article de l'écrivain politique Matt Taibbi dans lequel ce dernier accusait Goldman Sachs d'avoir provoqué la plupart des « manipulations de marché » ou bulles des quatre-vingts dernières années.
>
> En février 2010, le *New York Times* affirmait que Goldman Sachs portait une responsabilité directe dans la dissimulation de la dette publique grecque, et donc dans l'aggravation de la crise qui lui est liée. La banque aurait ainsi fourni au gouvernement grec des outils financiers qui lui auraient permis de dissimuler ses transactions, tout en renflouant ses comptes avec l'aide d'autres banques américaines. Goldman Sachs en aurait tiré 300 millions de dollars de bénéfices...

Résistance et démocratie

C'est ce risque croissant d'une contradiction entre logique démocratique et logique financière qui peut conduire à mettre en cause, à terme, la paix elle-même, comme le notent de nombreuses organisations de la société civile dans un texte commun :

> Au prétexte que la démocratie prend trop de temps, alors que les marchés financiers votent eux tous les jours et sont organisés autour d'automates qui opèrent des milliers de transactions par seconde, c'est à terme l'existence même du fait démocratique qui se trouve menacée. Les gouvernements sont sommés de s'exécuter ou de laisser la place à des experts, comme on l'a vu déjà en Grèce et en Italie. À la place d'un retour nécessaire du politique et de l'exigence démocratique permettant de s'attaquer pour de bon à la régulation des marchés et à leur poumon financier, les paradis fiscaux, on assiste à la mise en œuvre de programmes d'austérité qui aggraveront la crise sociale et réduiront les moyens de traiter l'enjeu écologique, de plus en plus préoccupant du fait de l'accélération du dérèglement climatique et de ses conséquences. Le résultat, c'est la préparation de situations de chaos écologique et social porteuses de risques de conflagration et pain bénit pour les logiques autoritaires de toutes obédiences, à l'instar de la crise des années 1930. C'est dire que, comme alors, après la démocratie, c'est la paix elle-même qui se trouvera menacée[1].

---

1. Texte adopté notamment à la veille d'un forum civique organisé à Grenoble en prélude aux « États généraux du renouveau » organisés en partenariat avec le journal *Libération*.

SORTONS DU MUR !

*Non à une Europe et à une France
repliées sur elles-mêmes*

C'est ici qu'il nous faut nous demander : de quelle France, de quelle Europe le monde a-t-il besoin ? Cette question est directement inspirée par nos amis brésiliens, initiateurs du Forum social mondial. Dans les débats qui ont eu lieu dans leur pays autour de la résistance à la logique nationaliste qui souvent les saisit, ils ont introduit cette interrogation : de quel Brésil le monde a-t-il besoin ? Il me semble que nous ferions bien de nous poser la même question, à l'heure où l'Europe – et notamment la France – est en proie à la montée des peurs et des xénophobies.

Il est clair en effet que le monde n'a pas besoin d'une Europe repliée sur elle-même, fermée aux autres cultures et voyant revenir ses vieux démons, qui ont déjà ensanglanté le monde à travers deux guerres mondiales et trois systèmes totalitaires. De même, le monde n'a nul besoin d'une France à la fois arrogante et pétrie d'un néopétainisme de sinistre mémoire. En revanche, il a besoin de cette France ouverte et rayonnante qui donne tout son sens à un mouvement vers plus de liberté face aux atteintes aux droits humains, plus d'égalité face à la montée des injustices sociales[1], et plus de fraternité face aux logiques de repli identitaire et à l'intolérance. Et il a besoin aussi d'une Europe capable d'assumer positivement le déclin de sa puissance dominatrice pour muter consciemment vers une puissance créatrice au service de la paix, de la démocratie et de l'effort pour faire face aux grands défis écologiques et sociaux de notre temps.

L'ÉNERGIE DU DÉSIR FACE À LA SIDÉRATION

Il nous faut donc opérer un renversement de perspective susceptible, en nous rendant beaucoup plus lucides que nous ne le sommes habituellement sur notre présent et notre passé proche, de nous aider à repérer dans ce mur, dans lequel nous sommes déjà bien entrés, quelques brèches à élargir pour mieux en sortir.

Ce mur est davantage une série de murailles entrelacées qu'une simple barrière à franchir. Il est vrai que, si nous avons déjà rencontré nombre de murets et percuté des murs plus costauds qui ont beaucoup blessé et tué, il existe toujours un

---

1. Cf. le livre très documenté de Pierre Rosanvallon, *La Société des égaux* (Seuil, 2011), dans lequel il met en évidence l'importance, en la matière, de la régression tant sociale que démocratique.

ensemble de remparts plus épais encore qui, dans le labyrinthe où l'humanité est engagée, peuvent produire bien plus de dégâts, voire, dans l'hypothèse d'une sixième grande extinction, mettre fin à la brève aventure de l'homme dans le cosmos. Toutefois, nous pouvons identifier les brèches et tenter de nous y faufiler, en entraînant avec nous vers des paysages plus doux un maximum de compagnons d'infortune. Un tel projet suppose de retrouver le goût de la discussion, de l'imagination et de l'action. Il se nourrit d'abord de désir. Et l'énergie du désir est très supérieure à celle de la peur.

Il existe aussi des brouillards artificiels que nous prenons pour des remparts ; ils constituent les principaux obstacles, car ils bloquent à la racine même tout processus d'imagination alternative. C'est le cas en particulier de l'« effet de sidération » que produit le capitalisme contemporain. Sidération, car il provoque une telle panne d'imaginaire que même les rares « révolutionnaires professionnels » qui subsistent n'ont d'autre programme que de revenir au bon vieux temps des Trente Glorieuses et de leur croissance pilotée par l'État-nation[1]. Quant aux plus

---

1. Il est significatif que les principales mesures prônées par Lutte ouvrière et la LCR lors des dernières élections étaient encore mises en œuvre sous Pompidou et Giscard : contrôle

radicaux des écologistes, tels de nouveaux cathares, ils se contentent de prêcher une décroissance peu susceptible de mobiliser les énergies, même s'ils ont raison de dénoncer le caractère insoutenable de notre forme de croissance actuelle.

Or quel est le contraire de la sidération ? L'étymologie nous renseigne sur ce point. Face au *sidus* de l'immobilité de la voûte céleste, à laquelle croyaient les Grecs et les Latins, la Terre et le monde sublunaire étaient le siège de la vie (et de son corollaire, la mort) et du mouvement. *Desidere*, racine du mot « désir », c'était donc être dans une situation opposée à l'éternelle immobilité : être dans la vie et le mouvement. Voilà pourquoi, comme nous l'affirmons dans le cadre du processus international Dialogues en humanité[1], nous avons besoin de réinventer du désir, un désir d'humanité.

Les Dialogues en Humanité

Un évènement convivial sur la question humaine

Au coeur de Lyon, ville humaniste, les Dialogues en humanité, chaque début juillet sont une occasion inédite de s'interroger de façon constructive et ouverte

---

des changes, fort secteur public, politique de relance par la consommation, etc.

1. Voir le site www.dialoguesenhumanite.org. Cf. aussi annexes.

sur les liens entre l'humain, le bien vivre, ce qui compte vraiment pour nous, l'écologie, une autre façon d'échanger, l'engagement des jeunes, ou encore l'art sous toutes ses formes...

Dans un cadre propice à la réflexion et à l'utopie réaliste, sous l'arbre à palabres du Parc de la Tête d'Or de Lyon, les Dialogues en humanité proposent pendant 3 jours de nombreuses activités dont le fil rouge est la rencontre, le dialogue, le ressenti et le « faire ensemble ».

Chacun pourra ainsi rencontrer et échanger avec d'autres citoyens du monde connus ou inconnus : écrivains, philosophes, artistes, entrepreneurs, témoins de vie, et partager avec eux une expérience unique, dans une ambiance décontractée et festive, une ambition :
Poser la question humaine comme question politique.

Vers un forum mondial sur la question humaine

Les Dialogues en humanité s'ancrent à Lyon avec plusieurs territoires proches qui se saisissent de la démarche comme le Grand Roanne et Villeurbanne. Les Dialogues se diffusent depuis plusieurs années à Bangalore, Berlin, Rabat, Salvador de Bahia, Paris Défistival au Champ de Mars, Strasbourg...
Les Dialogues en humanité «Akademie unter den Bäumen» de Berlin à la Fondation Genshagen de 2010 invitent à imaginer une grande fête fraternelle en 2014

> (Cent ans après la guerre fratricide et mondiale de 1914/1918) à Berlin, à Lyon, à Paris, en Europe et dans le monde.
>
> (Site Dialogues en Humanité :http://dialoguesenhumanite.org/3-dialogues-en-humanite)

Face aux logiques mortifères de Thanatos, il nous faut – ainsi que le notait déjà Freud en 1930 en constatant la montée des périls – retrouver la force de vie de l'Éros. Si l'indignation manifeste la présence d'une résistance créatrice, nous devons aussi, comme le souligne Stéphane Hessel[1], construire la logique positive de l'engagement, celle du oui créateur. Il nous faut, pourrions-nous dire, construire la SEM, la « stratégie érotique mondiale », dont la devise pourrait être : « Indignés des injustices et amoureux (de la vie) de tous les pays, unissons-nous ! »

---

1. Stéphane Hessel a écrit, après son célèbre *Indignez-vous !* (*op. cit.*), *Engagez-vous !* (sous-titré *Entretiens avec Gilles Vanderpooten*, Éditions de l'Aube, 2011) et, avec Edgar Morin, *Le Chemin de l'espérance* (Fayard, 2011).

DEUXIÈME PARTIE

Au-delà de la crise, les rendez-vous critiques de l'humanité

> *Une civilisation qui s'avère incapable de résoudre les problèmes que suscite son fonctionnement est une civilisation décadente. Une civilisation qui choisit de fermer les yeux à ses problèmes les plus criants est une civilisation atteinte. Une civilisation qui ruse avec ses principes est une civilisation moribonde.*
>
> *Aimé Césaire*

AU CŒUR DE LA CRISE SYSTÉMIQUE, LA DÉMESURE

Ce qui lie entre elles les crises écologique, financière, sociale et politique, ce qui fait de cette crise globale une crise systémique, c'est la *démesure*, ce que les Grecs appelaient l'*(h)ubris*. Il existe un lien très fort entre la crise financière que tout le monde perçoit et la crise écologique, sociale et même « civilisationnelle ». Si l'on conserve une approche sectorielle, si l'on s'occupe uniquement de l'aspect financier en oubliant les autres dimensions, la réponse apportée prend la forme d'une fuite en avant. Ainsi, lors de la crise de 2008, on a sauvé le système bancaire mondial non pas en s'attaquant à la cause – le dérèglement majeur de tout le système, résultat de quarante années de dérégulation financière –, mais en se contentant de traiter les symptômes – la crise bancaire elle-même, provoquée par l'accumulation de produits financiers toxiques. Cette crise bancaire a été réglée dans l'urgence par une socialisation massive des dettes qui a ensuite conduit à la crise de l'endettement public de 2011. Cette fuite en avant dans le traitement de la crise financière s'accompagne d'une fuite en arrière écologique et sociale, avec la mise en œuvre de plans d'austérité à l'heure où nous aurions au contraire besoin de forts investissements sur ces deux terrains.

Une semblable démesure caractérise notre rapport à la nature. La crise, on a trop tendance à l'oublier, n'a pas commencé avec la faillite de la banque Lehman Brothers. Le dérèglement climatique, l'insoutenabilité de notre mode de croissance avaient été dénoncés dès 1990, lors du premier

Sommet de la terre à Rio de Janeiro. L'emballement du productivisme est à la racine des deux grands problèmes écologiques que nous affrontons : la part humaine du dérèglement climatique, avec le dégagement excessif de gaz à effet de serre, et les atteintes gravissimes à la biodiversité, qui pourraient conduire à une « sixième grande extinction » des espèces.

Ce productivisme vient d'une conception guerrière et prédatrice de notre lien à la nature. Celle-ci est considérée comme un matériau inerte, abondant et le plus souvent sans valeur économique du fait même de son abondance. En effet, si l'on s'en tient au rapport rareté/cherté, il suffit qu'un bien soit abondant et gratuit pour qu'il soit sans valeur, même s'il est d'une importance vitale. L'eau constitue un exemple particulièrement éloquent : elle ne prend de la valeur économique que lorsqu'elle cesse d'être abondante et gratuite, par exemple parce qu'elle a été polluée. Il faut alors l'assainir ou la conditionner sous forme d'eau minérale. Devenue rare, elle accède enfin au statut de bien doté d'une valeur ! La démesure dans l'exploitation de ressources fossiles comme le pétrole, qui ont mis des millions d'années à s'accumuler, se traduit par leur disparition programmée moins de deux siècles après leur découverte. Mais plus le pétrole devient rare – on parle de « pic pétrolier[1] » –, plus il est cher et constitue une bonne affaire en termes de spéculation financière. Le couple infernal formé par la démesure du productivisme et celle du capitalisme financier nous entraîne ainsi vers des seuils de rupture écologique dramatiques. Tant que cette posture ne sera pas clairement remise en cause, les conférences internationales qui se succèdent, de Kyoto à Copenhague, de Rio à Johannesburg, portant sur le développement durable, le climat, la biodiversité, continueront de se solder par des échecs ou de déboucher sur des mesures insuffisantes compte tenu de l'enjeu, qui est rien moins que la préservation d'un écosystème viable pour l'humanité.

Économie financière : l'euphorie et la panique

Cette démesure a pris une dimension spectaculaire avec le décalage abyssal que l'on a observé récemment entre l'économie réelle, d'une part, et l'économie spéculative et financière, d'autre part. Une étude de l'un des anciens responsables de la Banque centrale de Belgique, Bernard Lietaer, fin

---

1. On appelle pic pétrolier le moment où la courbe de la demande de pétrole devient supérieure à celle de l'offre compte tenu des réserves de pétrole disponibles.

connaisseur du système, a mis en évidence que les biens et services réels ne représentent qu'une infime partie des transactions financières quotidiennes : moins de 3 %[1] ! L'essentiel des échanges se joue donc dans l'économie spéculative. Et ces 97 % ne sont pas « virtuels », comme on a l'habitude de l'entendre dire : les dollars, les euros, les yens qui circulent dans l'économie spéculative y ont bien la même valeur que dans l'économie réelle. La différence, c'est que ces 97 % représentent ce que l'on pourrait appeler l'« économie émotionnelle ». Le *Wall Street Journal* a un jour vendu la mèche, à l'occasion du krach boursier de 1987, en écrivant : « Wall Street ne connaît que deux sentiments : l'euphorie et la panique. » Cette remarque est toujours vraie aujourd'hui. Et nous sommes bien loin de l'arbitrage rationnel ou des mécanismes de régulation supposés être à l'œuvre dans ce contexte.

Euphorie et panique : nous ne sommes plus là dans l'ordre de l'économie classique, mais bien dans celui des phénomènes psychiques, voire psychiatriques. La psychose maniaco-dépressive, caractérisée par ces alternances d'états euphoriques, souvent excessifs, et d'états dépressifs, éclaire bien mieux ce qui se passe sur les marchés financiers que les ana-

---

1. Bernard Lietaer, *Mutation mondiale, crise et innovation monétaire*, Éditions de l'Aube, 2008.

lyses d'optimisation rationnelle. Alan Greenspan, ancien gouverneur de la Fed (Federal Reserve), la banque centrale américaine, a ainsi parlé un jour d'« exubérance irrationnelle des marchés financiers ». Cette exubérance irrationnelle a été suivie d'une dépression tout aussi irrationnelle, et le phénomène est encore aggravé par l'automatisation d'une grande partie des transactions financières (plus de 70 % aux États-Unis, plus de 50 % en Europe). Celle-ci recourt à des logiciels dont la sophistication algorithmique est mise au service d'une logique purement mimétique, puisqu'ils amplifient les mouvements de hausse et de baisse et ne font même pas preuve du discernement du boursicoteur avisé, lequel, selon le dicton, est capable « d'acheter au son du canon et de vendre au son du violon ».

Quand le cœur d'une société, voire d'une civilisation, réside dans l'économique – ce qui ne s'était encore jamais produit dans l'histoire de l'humanité –, quand au cœur de l'économie se trouve l'organisation financière et qu'au cœur de cette organisation financière règnent l'euphorie et la panique, il n'est pas très étonnant que le système devienne profondément insoutenable.

Démesure et crise sociale

Sur le plan social, la démesure est au cœur du phénomène d'explosion des grandes fortunes. Les plus grandes fortunes annuelles mondiales représentent de 1 à près de 3 millions d'années de Smic français. Selon l'Observatoire des inégalités, qui se fonde sur le classement *Forbes* des grandes fortunes, Bill Gates, sacré homme le plus riche du monde à plusieurs reprises, possède une fortune 55 millions de fois supérieure au seuil de pauvreté mondial (561 euros annuels). Le premier Français du classement, Bernard Arnault, patron de LVMH, est à la tête d'une fortune équivalant à un million d'années de Smic français ou 23 millions de fois le seuil de pauvreté mondial. La fortune des seuls trois premiers du classement équivaut au revenu annuel des 150 millions de personnes les plus pauvres de la planète. Rappelons que, sous la présidence Eisenhower – une présidence plutôt conservatrice –, le taux d'imposition des plus hauts revenus était de 91 %. On est bien loin du « bouclier fiscal » français !

Ces écarts colossaux génèrent des conditions insoutenables pour le « vivre-ensemble », que ce soit à l'échelle planétaire ou au sein d'une nation.

Démesure du rapport au pouvoir

Il existe encore une autre forme de démesure, dont on ne parle pas assez : celle qui concerne le rapport au pouvoir, à l'origine de l'effondrement du système soviétique hier et des mouvements démocratiques du printemps arabe récemment. Ce dernier point est important à garder en mémoire, car il s'agit de ne pas reproduire les erreurs du passé. Les années 1930 ont en effet été marquées, après une période d'ultracapitalisme[1], par l'excès inverse, c'est-à-dire un ultradirigisme bureaucratique, voire totalitaire. Un tel mouvement pendulaire ne peut être la solution, car il ne nous amène qu'à la guerre.

Derrière la démesure, le mal de vivre

La démesure que nous venons d'examiner est elle-même liée à un phénomène insuffisamment analysé : les conséquences d'un mal-être et d'un mal de vivre. Sur un plan personnel, il est facile de repé-

---

[1]. Je préfère ce terme à celui d'« ultra- » ou de « néolibéralisme », car en réalité ces mouvements étaient antilibéraux, en particulier sur le plan politique et culturel.

rer ce lien : la boulimie, l'alcoolisme, la toxicomanie – comportements de démesure – sont des symptômes classiques de mal-être. Mais ce lien existe également sur le plan sociétal. Il n'y a pas si longtemps, en 1998, le Programme des Nations unies pour le développement (PNUD) a conclu qu'on pouvait faire un pas de géant en doublant les sommes consacrées à la lutte contre ces gigantesques maux que sont la faim, le non-accès à l'eau potable ou les soins de base. Cela signifiait ajouter 40 ou 50 milliards de dollars aux sommes déjà allouées. Et là, surprise ! Alors qu'on prétendait qu'il était impossible de trouver autant d'argent, des sommes dix fois supérieures étaient englouties rien que pour les dépenses de publicité (400 milliards de dollars à l'époque). Au moins autant passait dans l'économie des stupéfiants – et encore s'agit-il d'un chiffre a minima, ce business étant par nature largement souterrain. Quant aux dépenses militaires dans le monde, elles étaient évaluées au double de cette somme, soit 800 milliards de dollars. En 2010, on compte plus de 1 600 milliards de dollars pour les dépenses militaires et 1 200 milliards de dollars pour les dépenses publicitaires, soit un bond plus important encore[1].

---

1. Ce chiffre m'a été fourni par un responsable d'Havas lors d'un entretien pour *Terra Eco*.

Regardons de près ces trois grands budgets. Que recouvre l'économie des stupéfiants ? Pour l'essentiel, il s'agit d'une économie de la compensation du mal-être. Qu'est-ce qui se joue du côté de l'armement ? C'est le règne de la peur, de la domination et de la maltraitance. La dimension proprement protectrice, nous le savons bien, hélas, ne représente que la portion congrue des budgets militaires. Qu'est-ce qu'une guerre préventive, si ce n'est une guerre fondée sur la peur de l'autre et destinée à l'empêcher de déclencher les hostilités le premier ? On entre alors dans un cercle vicieux qui est celui de la course aux armements. C'est un axe de mal-être et de maltraitance qui nous coûte très cher.

Venons-en enfin aux sommes colossales dépensées pour la publicité. De quoi nous parlent la plupart des messages publicitaires ? Nous montre-t-on souvent des gens agressifs, stressés, évoluant dans un environnement laid et délabré ? Évidemment, non ! En permanence, la publicité nous promet de la beauté, du bonheur, de l'amitié, de l'amour, de l'authentique, de la sérénité. Tout cela n'est rien d'autre que ce que les philosophes ont l'habitude d'appeler un « désir dans l'ordre de l'être ». Or ce désir est détourné pour délivrer un message subliminal appelant à une consommation *dans l'ordre de l'avoir*. Ainsi, une bonne partie de la publicité vient nous réconforter, nous consoler : plus nous avançons dans la destruction écologique, plus nous avons besoin qu'on nous promette de la beauté ; plus nous vivons dans le stress et la compétition, plus nous avons besoin qu'on nous promette de la sérénité, de l'amitié, de la paix, etc. Mais cette consolation est totalement fictive, car très éphémère. De plus, elle instaure une situation où l'on en demande toujours plus, ce qui engendre une frustration aggravée.

La logique du toujours-plus, outre qu'elle engendre la frustration des consommateurs, rejaillit aussi sur une partie de la population mondiale, celle qui se trouve tout au bout de la chaîne. Lorsqu'un petit nombre d'êtres humains se consolent par l'hyperconsommation, ils creusent le trou de raretés qui deviennent des raretés de biens vitaux. Celles-ci constituent les problèmes fondamentaux évoqués par le PNUD : sous-alimentation, manque d'eau, difficile accès aux soins de base et au logement pour les plus démunis...

Constat accablant : à peine 10 % des sommes consacrées à ces trois secteurs – les stupéfiants, l'armement, la publicité –, qui constituent ce que l'on pourrait appeler le cœur de l'économie du mal-être, permettraient de régler le problème des besoins vitaux non satisfaits de l'humanité entière !

*La satiété joyeuse, alternative
au couple démesure-mal de vivre*

Il va donc nous falloir construire, en remplacement du couple formé par la démesure et le mal de vivre, un autre axe, celui de la modération et du « bien-vivre » – le *buen vivere*, pour reprendre l'expression forgée lors du Forum social mondial de Belém en 2009. C'est cette perspective positive que défendent des gens comme Pierre Rabhi[1] quand il évoque la *sobriété heureuse* ou Jean-Baptiste de Foucauld et Serge Latouche quand ils parlent d'*abondance frugale* – ce que l'on peut encore nommer *satiété joyeuse*, une expression que je trouve préférable car elle souligne bien l'excès caractérisant le mode de consommation des plus riches, lequel n'a plus rien à voir avec la satisfaction de leurs besoins. L'enjeu d'une réorientation de nos économies, de nos sociétés, de nos politiques publiques, vers des logiques de mieux-être, d'art de vivre, de qualité de vie, considéré en général comme un problème purement personnel et privé, devient alors une question pleinement politique.

---

1. Pierre Rabhi est un agriculteur, homme politique, écrivain et penseur français d'origine algérienne. Il est l'inventeur du concept « Oasis en tous lieux ».

AU-DELÀ DE LA CRISE

Le retour de la question du salut

Telle est donc la première grande transformation liée à la crise systémique. Nous voyons déjà qu'elle est structurelle et concerne en fait des habitudes prises au cours des quarante dernières années. Mais deux autres mutations, plus longues et beaucoup plus profondes, sont plus importantes encore. Les repérer nous aide à mieux comprendre ce qui se joue dans cette fin de monde. Cela nous donne également l'espoir que celle-ci soit moins une fin que l'occasion de faire émerger des éléments de renaissance, d'impulser un saut qualitatif dans l'histoire, aussi bien au niveau personnel que pour l'ensemble de la famille humaine.

La deuxième de ces grandes mutations correspond à ce que l'on peut appeler la fin du cycle historique des temps modernes, au sens de la modernité occidentale. Pour mieux la comprendre, on peut avoir recours à la pensée de Max Weber. Celui-ci, dans *L'Éthique protestante et l'esprit du capitalisme*[1], a montré que l'entrée dans ce que l'on a appelé la modernité peut être résumée par le « passage de l'économie du salut au salut par l'économie ». Or nous pouvons poser l'hypothèse que nous sommes

---

1. Max Weber, *L'Éthique protestante et l'esprit du capitalisme*, Flammarion, coll. « Champs », 2000.

en train de sortir du cycle historique du salut par l'économie – à la fois parce que les promesses de salut n'ont pas été tenues et parce que les dégâts écologiques, sociaux, technologiques ont été considérables. Toute cette modernité a conduit aussi bien à du « meilleur » qu'à du « pire ». Le pire, c'est la solution finale, Hiroshima, ou encore cette capacité inouïe de maltraitance dont fait preuve l'espèce humaine, non seulement à l'égard d'autres espèces, mais aussi à l'égard d'elle-même.

Non seulement le salut par l'économie ne tient pas ses promesses, mais on peut dire que la question du salut dans sa formulation laïque est de retour. Lorsqu'on est confronté à des défis aussi considérables qu'ils le sont aujourd'hui, ce n'est pas tomber dans le catastrophisme que de dire que l'humanité risque la sortie de route ! C'est bien la question de son salut qui se pose à nouveau. L'expression courante selon laquelle il faut « sauver la planète » masque le vrai problème. Notre planète, la Terre, a encore plusieurs milliards d'années devant elle avant son absorption par le Soleil. Elle a existé bien avant l'humanité, et elle poursuivra sa route bien après elle. Ce qu'il faut sauver, ce n'est pas la planète, c'est l'humain[1] !

---

1. Comme nous aurons l'occasion de le montrer dans la troisième partie de ce livre.

L'APRÈS-MODERNITÉ :
L'ENJEU D'UN DIALOGUE DE CIVILISATIONS OUVERT ET EXIGEANT

Or, au croisement de ces risques et de ces défis où se joue le destin de l'humanité, nous trouvons la question de la fin de l'ère historique marquée par la domination occidentale et que l'on a caractérisée historiquement comme l'âge de la modernité. Une question majeure nous est donc posée : comment pouvons-nous sortir positivement, *par le haut*, des temps modernes ? En sortir par le bas, on sait ce que cela veut dire : on appelle cela l'intégrisme ou le fondamentalisme. Mais en sortir par le haut, c'est être capable de faire un tri sélectif et d'aller saisir le meilleur de la modernité, et d'effectuer le même exercice du côté des sociétés de tradition, lesquelles, du point de vue tant historique que géographique, représentent encore la plus grande partie des sociétés mondiales.

Essayons rapidement de faire ce tri. Où réside le meilleur de la modernité ? Il se trouve du côté de l'émancipation sous toutes ses formes. La capacité à s'extraire d'un cosmos, d'une nature considérée comme fatale. La capacité à construire, notamment face aux faits religieux de l'économie du salut, de la liberté de conscience, de l'individuation, qui ne se réduit pas forcément à l'individualisme. Le fait que tout être humain a sa singularité et peut exercer sa liberté de conscience. Les droits humains, bien sûr, sont directement issus de cette liberté de conscience. Et, parmi eux, ceux qui jouent le rôle de curseur principal : les droits des femmes. Telle est la face de lumière de la modernité, celle au nom de laquelle des mouvements pour les droits civiques, sociaux, culturels ou politiques se lèvent aujourd'hui dans le monde arabe, tout comme ils se sont levés hier en Amérique du Sud, en Europe de l'Est ou en Chine.

Mais le pire de la modernité, nous le connaissons bien aussi. C'est ce que l'on pourrait appeler la *chosification*. Chosification de la nature, chosification du vivant, chosification des humains eux-mêmes. Qu'est-ce que la solution finale sinon la forme la plus extrême et la plus monstrueuse de la chosification des humains ? De même, ce que le Prix Nobel d'économie Joseph Stiglitz[1] a appelé le « fondamentalisme marchand » est une des formes de cette chosification. Pour sortir de la modernité occidentale par le haut, nous devons donc être capables

---

1. Lire par exemple *Un autre monde. Contre le fanatisme du marché*, Fayard, 2006, rééd. Le Livre de poche, 2008, ou encore *Le Triomphe de la cupidité*, Les Liens qui libèrent, 2010.

de reconnaître aussi qu'elle renferme des éléments parfaitement critiquables que les autres civilisations ont raison de contester. C'est à ce prix seulement que nous pourrons entrer dans un dialogue exigeant entre civilisations.

Qu'en est-il du côté des sociétés et des civilisations de tradition ? On voit bien que ce qu'elles comportent de meilleur se situe sur un triple axe : un rapport à la nature que nous avons largement perdu ; un rapport au lien social beaucoup plus fort que celui de nos sociétés devenues très individualistes ; un rapport au sens que nos sociétés – plus souvent organisées autour de la question du futile que de la question de l'essentiel – ont aussi largement abandonné. Ce meilleur, on le retrouve dans le rapport poétique à la vie qu'expriment bien les peuples indigènes qui, du Forum social mondial de Belém à la conférence de Cochabamba, évoquent la « Terre mère » et insistent sur les phénomènes de reliance qui lient les humains de toutes générations entre eux ainsi que, profondément, à la nature et au cosmos. Toutefois, derrière le meilleur de cette reliance se cache aussi un pire au sujet duquel nous devons être lucides. Ce pire, c'est la dépendance. Le rapport à la nature, le rapport au sens et le rapport au lien social peuvent être des rapports de dépendance, de soumission à la fatalité, et se révéler parfaitement excluants : hors du sens du groupe, de la communauté, de la tribu, de l'Église, etc., point de salut. Et les femmes sont souvent les premières à souffrir de cette dépendance, que l'on justifie la restriction de leurs droits au nom de lois dites naturelles ou au nom de traditions culturelles absolutisées – celles par exemple qui interdisent de condamner l'excision.

Cette deuxième grande entreprise, celle de la sortie de la modernité comme économie du salut, nous fait déboucher sur un autre chantier : nous devons construire un dialogue de civilisations qui soit à la fois pleinement ouvert et extrêmement exigeant. Pleinement ouvert, parce qu'il ne s'agit évidemment pas de projeter sur d'autres civilisations la modernité occidentale et sa conception de l'universalisme, avec tous ses effets pervers – on se souvient des dérives impérialistes et colonialistes. Mais faire preuve d'ouverture, d'accueil et de débat vis-à-vis des autres traditions, des autres civilisations, n'empêche pas de rester vigilant ni de poser certaines exigences. Ainsi, il faut écarter les compromis à minima, sortes de Yalta qui s'opéreraient par exemple au détriment des femmes. Notre civilisation future et même la civilité humaine doivent s'édifier à travers un dialogue de civilisations reposant sur le principe selon lequel l'universel n'est pas un universel imposé mais un universel encore à construire. C'est dans cette optique que s'inscrit l'initiative de l'Unesco, en lien avec les Dialogues en humanité du côté de la société civile, autour de l'idée de la co-construction d'un universel de l'humanité (voir encadré ci-dessous). Afin d'éviter toute instrumentation du thème de l'universalisme par le monde occidental et son obsession économiste, c'est en partant du Sud et de la poésie que ce processus se construit. À l'écoute de trois grands poètes du Sud, Rabindranath Tagore, Pablo Neruda et Aimé Césaire, plusieurs rencontres sont ainsi prévues jusqu'en 2013.

> **Pour un universel réconcilié**
>
> Face aux défis que pose la globalisation, la conférence générale de l'Unesco a décidé la création d'un programme novateur, « Rabindranath Tagore, Pablo Neruda, Aimé Césaire pour un universel réconcilié », destiné à ancrer dans le message d'anticipation de ces trois poètes un ensemble de réflexions et d'activités utiles à la définition cruciale d'un « vivre-ensemble » tolérant et humaniste. Le programme se déroulera pendant trois années autour des événements majeurs de la vie des trois poètes : 2011 a marqué la célébration du cent cinquantième anniversaire de la naissance de Rabindranath

---

1. Voir http://www.unesco.org/new/fr/culture/themes/dialogue/tagore-neruda-and-cesaire/.

Tagore ; en 2012, c'est le poète Pablo Neruda qui sera mis à l'honneur ; en 2013, nous célébrerons le centième anniversaire du prix Nobel attribué à Tagore, le centième anniversaire de la naissance d'Aimé Césaire et le quarantième anniversaire de la mort de Pablo Neruda.

« Il faut bien commencer. Commencer quoi ? La seule chose qu'il vaille la peine de commencer : la fin du monde, parbleu ! » Ainsi s'exprimait Aimé Césaire en 1939, avec audace, dans son *Cahier d'un retour au pays natal*, résumant de fait la nécessité d'en finir avec les contradictions des sociétés d'hier et d'aujourd'hui. Soixante-dix ans plus tard, la question est plus urgente que jamais, et l'Unesco lui emboîte le pas en interrogeant les valeurs et l'engagement intellectuel qui lui sont propres à travers ce programme. Comment donner une portée pragmatique à ces idéaux ?

Le programme visera à stimuler et à encourager le débat et la réflexion sur notre époque à travers la redécouverte des messages humanistes, convergents et complémentaires de ces trois auteurs, ainsi que l'a subtilement exprimé le poète haïtien René Depestre : « Ce voyage d'exploration devrait conduire du chez-soi de chacun des trois auteurs à l'ailleurs des autres aires culturelles, et au tout d'un univers unifié. »

Les enjeux politiques de la sagesse

La troisième grande mutation radicalise l'effet des deux premières. Elle représente pour l'humanité un véritable rendez-vous avec elle-même et son devenir. Cette mutation, celle du défi écologique, soulève une question primordiale : « Qu'allons-nous faire de notre planète ? »

Notre deuxième mutation, celle du changement d'époque historique, nous a fait entrer non seulement dans ce qu'on a appelé un temps la révolution de l'intelligence, mais également dans la révolution du vivant et du vivant humain. La troisième représente un changement d'époque historique beaucoup plus marqué encore. En effet, le dernier changement de cette nature fut le passage du paléolithique au néolithique, c'est-à-dire le passage d'un rapport de soumission de l'homme au vivant naturel à une capacité de transformation et de production de ce vivant naturel, grâce à l'invention de l'agriculture. Aujourd'hui, l'humanité acquiert la capacité d'intervenir sur sa propre espèce, de la faire muter, notamment avec le développement du génie génétique. Celui-ci comportant des aspects positifs, en particulier sur le plan thérapeutique, mais aussi des aspects potentiellement régressifs qui posent des problèmes éthiques considérables, dont le débat autour du clonage n'est que la partie la plus visible. La possibilité, par exemple, de fabriquer des chimères fait naître nombre d'interrogations. Ainsi, de la même façon que le défi écologique conduit à la question : « Qu'allons-nous faire de notre planète ? », la question majeure posée par la révolution du vivant est : « Qu'allons-nous faire de notre espèce ? »

L'humanité doit sortir de l'âge de pierre. *Lithos*, en grec, c'est la pierre. Que l'on parle du paléolithique – l'ancienne pierre – ou du néolithique – la nouvelle pierre –, c'est toujours de l'âge de pierre qu'il s'agit. Au paléolithique, la pierre taillée constituait le principal outil pour le travail et pour la chasse. Au néolithique l'homme entre dans la sédentarité et l'agriculture remplace le nomadisme. Or la période actuelle nous fait sortir du néolithique à la fois par le bouleversement de notre rapport au vivant[1] et par un retour nécessaire à un certain nomadisme provoqué par les risques de catastrophes naturelles ou technologiques. Comme le montre, en une forme d'anticipation, le phénomène des migrants climatiques, l'humanité doit, lorsqu'elle a la chance

---

1. Voir notamment Joël de Rosnay, en collaboration avec Fabrice Papillon, *Et l'homme créa la vie. La folle aventure des architectes et des bricoleurs du vivant*, Les Liens qui libèrent, 2010.

de n'être pas menacée, cultiver l'hospitalité, et, lorsqu'elle est menacée, savoir prendre la route sans céder à la panique. Ne serons-nous pas tous demain, à un moment ou à un autre de notre vie, des « gens du voyage » ?

Ainsi, d'une certaine façon, l'un des grands défis de l'humanité est de sortir de l'âge de pierre, qui est aussi l'âge d'une humanité au cœur de pierre. Et, pour ce faire, il nous faut travailler sur ce rapport déséquilibré entre la force de notre intelligence mentale et la pauvreté de notre intelligence émotionnelle. On nous a affublés abusivement du beau nom de *sapiens sapiens*[1]. Edgar Morin a dit un jour, en une provocation à la fois humoristique et sérieuse, qu'il vaudrait mieux parler de *sapiens demens*. C'est en effet parce qu'il y a de la démence dans l'espèce humaine que nous pouvons à la fois, grâce à l'explosion de nos savoirs, comprendre la structure de l'atome et fabriquer des armes nucléaires.

Le grand défi de l'humanité qui s'exprime à travers cette troisième transformation – transformation plurimillénaire, alors que la deuxième était pluriséculaire et la première tout juste pluridécennale – devient alors : comment cette famille de *sapiens-demens* que nous sommes encore largement

---

1. L'homme doublement sage, *sapiens sapiens*, est appelé ainsi depuis l'élaboration par Linné de sa classification en 1758.

se donne-t-elle les moyens de devenir pour de bon *sapiens sapiens* ? À défaut d'être une origine, est-ce que *sapiens sapiens* ne pourrait pas être un projet d'avenir ? Un projet tout à la fois politique, personnel et sociétal, le projet d'une humanisation de l'humanité – ce que les Dialogues en humanité qui se réunissent chaque année sous les arbres du parc de la Tête d'or, à Lyon, évoquent en ces termes : « Grandir en humanité ».

TROISIÈME PARTIE

La cause humaine

En nous l'homme de tous les temps. En nous tous les hommes. En nous l'animal, le végétal, le minéral. L'homme n'est pas seulement l'homme, il est l'univers.

Aimé Césaire

UNE ESPÈCE QUI NE S'AIME PAS

Nous devons comprendre que tous les problèmes, toutes les épreuves qu'affronte l'humanité viennent de sa difficulté à assumer sa propre condition. L'humanité est une espèce qui ne s'aime pas. Non seulement ses membres ne s'aiment pas entre eux, mais elle ne s'aime pas comme espèce. C'est ainsi que la plupart de ses grandes réalisations sont chosifiées. Les révolutions sont désignées par des bouleversements techniques – révolutions industrielle, agricole, informationnelle, etc. Même le passage du paléolithique au néolithique est considéré sous cet angle : le passage à la pierre taillée ouvre la voie à l'agriculture. Toujours l'aspect technique, donc. Mais qu'est-ce qui a rendu ce bouleversement possible sinon l'intelligence humaine ?

Toutes ces révolutions, toutes ces mutations sont les étapes d'une progression de la conscience humaine, et cette progression implique chaque fois une double collaboration : collaboration avec la nature et collaboration entre les humains. En effet, aucune de ces transformations ne pourrait être réalisée par quelques individus isolés. Ceux qu'on appelle les « inventeurs » sont, comme le disait Newton des savants, des « nains sur les épaules de géants ». Ces « géants » représentant l'ensemble des collectifs humains – sans oublier les conditions psychologiques et sociales qui ont rendu possibles ces inventions.

Intelligence collaborative, donc, et même intelligence *émotionnelle* collaborative. Car toutes ces grandes mutations ne mobilisent pas que des processus mentaux. Il faut du désir, de l'émotion, souvent de la passion pour transformer les rapports à la terre (agriculture), à l'énergie (industrie), à l'air (aéronautique), à l'information (société de la connaissance). Or voici que cette intelligence émotionnelle collaborative, la plupart du temps, est niée. Les humains ne sont plus que des rivaux cherchant à tirer leur épingle du jeu dans des transformations qui leur échappent et sont attribuées à des techniques.

En fait, l'humanité rêve en permanence d'une autre condition que la sienne afin d'échapper au mouvement de la vie, de la mort et de la conscience. C'est pourquoi l'univers sidéral la fascine, un univers immobile et exempt de souffrance. Et la meilleure traduction de cet univers sidéral sur notre planète est le règne minéral. De surcroît si le minéral brille ! La fascination pour l'or ou l'argent vient largement de là : la pierre qui brille, la pierre précieuse attirent car elles renvoient à un état apparent d'immortalité. Et si cet or se transmet par héritage, alors la fascination est redoublée ! Mais cette fascination là se paie du prix le plus lourd qui soit, celui de la vie elle-même. Oui, l'obsession la plus courante chez les humains est de s'en sortir... Mais se sortir de quoi ? En réalité, de cette condition marquée du sceau d'une conscience incarnée.

En dernière analyse, tous les grands problèmes de l'humanité – ceux qui concernent les besoins vitaux non satisfaits, tels que le manque d'eau, de nourriture, de logement, etc. – découlent d'un déficit d'attention et de solidarité. Il suffit de lire les rapports des organisations internationales sur le développement humain pour se rendre compte que ces problèmes pourraient être réglés de façon relativement simple si l'on substituait une logique de partage à la logique d'accumulation au bénéfice d'une minorité de la population mondiale. Mais d'où vient ce désir d'accumulation ? D'une autre misère : la misère affective et spirituelle. On compense la peur d'autrui, la peur de l'absurde, la peur de la mort, par une accumulation de biens comparable à de la boulimie. Et c'est toujours la maladie humaine qui est en cause : la misère psychique fabrique de la misère matérielle, et la peur de la seconde entretient en permanence la première. Toutes nos logiques guerrières trouvent leur origine dans cette humanité qui ne s'aime pas, qui n'aime pas sa nature et qui n'aime pas la nature nourricière dont elle est issue. Car le productivisme aussi est une logique guerrière, cette fois appliquée à notre rapport à la nature. Une phrase du philosophe Francis Bacon résume cela d'une manière brutale : « La nature est une femme publique ; nous devons la mater, pénétrer ses secrets et l'enchaîner selon nos désirs[1]. »

---

1. Cité par Serge Latouche dans *Décoloniser l'imaginaire*, Parangon, 2003.

De la peur de la mort à l'audace de vivre

Que trouve-t-on finalement derrière ces logiques guerrières appliquées à nos rapports à la nature, à autrui ou à nous-mêmes, à l'origine de ces causes meurtrières destinées à justifier la domination, l'exclusion, l'éradication d'autrui ? On trouve de la peur. Toute guerre est en fait une guerre préventive. Et toute fuite renvoie aussi à une peur.

Ouvrir notre imaginaire sur l'avenir suppose de regarder en face cette peur ultime, le plus souvent informulée dans nos sociétés occidentales. Et de nommer cette angoisse suprême qui a pour contrepartie une véritable stratégie d'évitement en grande part inconsciente – stratégie d'évitement ou de « divertissement », au sens que Pascal donne à ce terme (divertissement face à la mort).

La mort : n'est-ce pas elle justement qui, en profondeur, nous barre le chemin de l'action et de l'espérance ? Car derrière toutes les craintes, du dérèglement du climat à la « sixième grande extinction », de l'impossibilité de nourrir toute l'humanité à la peste aviaire, de l'effondrement du système financier à la guerre, y compris nucléaire, y a-t-il au fond autre chose que cette peur obsédante et radicale qui tenaille tant notre Occident déboussolé : la peur de la mort ?

Si cette hypothèse est fondée, osons identifier l'origine radicale de nos angoisses et dire très tranquillement : la mort, et alors ?

Car enfin, quand bien même vivrions-nous dans un monde idyllique, celui dont on rêvait au lendemain de la chute du mur de Berlin, un monde capable de se libérer de la domination et de la peur de la guerre, un monde construisant les bases d'une gouvernance démocratique planétaire à même de préserver nos écosystèmes, d'assurer à tout être humain non seulement l'accès à l'eau, à la nourriture, aux soins de base, au logement, mais aussi la pleine reconnaissance de ces droits inscrits en lettres d'or dans la Déclaration universelle des droits de l'homme – oui, quand bien même vivrions-nous dans ce monde-là, persuadés que le XXIe siècle sera celui de la paix, du développement durable, de découvertes scientifiques innombrables mais humainement maîtrisées, d'innovations techniques époustouflantes mais sans effets contre-productifs, de l'émergence d'une démocratie planétaire et d'une société de la connaissance pour tous, quand bien même serait devenu réel ce monde possible dont l'espérance est entretenue dans les forums sociaux mondiaux, de Porto Alegre à Bombay, de Nairobi à Belém, posons-nous la question : ce monde-là aurait-il pour autant éradiqué la mort ? La réponse, nous la connaissons bien : elle est négative. Nous mourrons, nos enfants mourront, nos petits-enfants et toutes ces générations futures à l'égard desquelles les rapports internationaux cherchent à nous rendre, à juste titre, plus responsables mourront à leur tour. L'humanité même, au moins l'humanité terrienne, finira par disparaître, puisque nous savons que notre Terre sera à terme absorbée par le Soleil, lui-même finissant.

Donc, nous mourrons. Et alors ? Pourquoi cette évidence partagée par tous les hominiens depuis qu'ils se sont levés et ont accédé à la conscience voici quelques dizaines de millénaires nous empêcherait-elle tout à coup de vivre ? Parce que cette mort-là viendrait plus vite que prévu pour nous-mêmes, nos enfants et l'humanité ? Et en quoi le fait de disparaître à cause d'un climat déréglé ou d'une épidémie de grippe aviaire serait-il plus grave que de mourir à la suite de guerres ou de catastrophes naturelles, comme c'était le cas hier et avant-hier ?

Puisque, périodiquement, de nouvelles découvertes relancent le défi qui consiste à percer à jour le secret biologique non seulement du vieillissement, mais de la mort elle-même[1], laissant envisager la possibilité, si infinitésimale soit-elle, de la surmonter un

---

1. Cf. Joël de Rosnay, en collaboration avec Fabrice Papillon, *Et l'homme créa la vie, op. cit.*, et Geneviève Ferone et Jean-Didier Vincent, *Bienvenue en Transhumanie. Sur l'homme de demain*, Grasset, 2011.

jour, faisons un pas supplémentaire et osons poser la question : le souhaiterions-nous réellement ? Pensons à ce beau roman de Simone de Beauvoir, *Tous les hommes sont mortels* : l'auteure y imagine un duc de Mantoue devenu immortel à la suite de l'absorption d'un mystérieux élixir. Après une brève période au cours de laquelle il s'adonne à la jouissance de la richesse, du pouvoir et de la gloire qu'engendre sa nouvelle invulnérabilité, cette vie immortelle devient mortellement ennuyeuse. Pensons aussi aux *Ailes du désir*, le film de Wim Wenders, où l'ange choisit d'abandonner son immortalité tant il est fasciné par le goût de la tendresse et de la vulnérabilité humaine à travers l'amour d'une femme.

En vertu de quel paradoxe hésitons-nous tant pour répondre à la question : à supposer que nous puissions vaincre la mort, le souhaiterions-nous vraiment ? Les spiritualités orientales, qui considèrent le cycle des réincarnations comme un cycle douloureux, lié au travail du karma, dont on sort par cette vraie mort qu'est le nirvana, lequel nous unit enfin au cosmos, répondent par la négative. Les religions du Livre, qu'il s'agisse de l'Ancien, du Nouveau Testament ou du Coran, qui espèrent une résurrection au-delà de la mort, souhaitent que la barrière puisse être franchie, non qu'elle disparaisse. Les sagesses agnostiques vont plus loin : elles font de la mort une alliée au service de la saveur de vivre.

« Vis comme en mourant tu voudrais avoir vécu » : cette phrase de Confucius résume bien leur posture. Loin d'être le contraire de la vie, la mort en constitue, avec la sexualité et le souffle, un levier essentiel. C'est elle qui, responsable de la brièveté de la vie, nous oblige à nous tourner vers l'essentiel, à dépasser l'horizon pauvre de la simple survie biologique pour nous poser la question : que voulons-nous faire non pas seulement *dans* notre vie, mais *de* notre vie ?

Cette donnée fondamentale des sagesses pluriséculaires s'est trouvée confortée récemment par le regard totalement nouveau porté par la science sur la mort : cette dernière devient, selon la belle expression du grand biologiste Jean Claude Ameisen, la « sculpture du vivant[1] ». Se fondant en effet sur la découverte des mécanismes de mort programmée des cellules (par exemple la mort des cellules interstitielles à nos doigts, sans laquelle le fœtus resterait palmé), celui-ci nous montre en quoi la mort est un élément clef du processus du vivant et de son constant renouvellement.

Comme le souligne Arnaud Desjardins, à force d'avoir peur de la mort, c'est de la vie que nous finissons par avoir peur. Et c'est au contraire en

---

1. Jean Claude Ameisen, *La Sculpture du vivant. Le suicide cellulaire ou la mort créatrice*, Seuil, 1999.

faisant de la mort une alliée que nous pourrons renouer avec ce qu'il appelle avec force l'« audace de vivre[1] ».

Ce changement de posture à l'égard de la mort devrait-il nous inciter à nier béatement les défis auxquels notre famille humaine est aujourd'hui confrontée ? Tel n'est pas, le lecteur l'aura bien compris, mon propos. Tous mes écrits antérieurs comportent une forte dimension d'alerte, dénonçant l'insoutenabilité du monde dans lequel nous vivons, jusqu'à ce que le « Septembre noir » de Wall Street fasse de l'automne 2008 un tournant décisif. La première partie de mon livre *Pourquoi ça ne va pas plus mal ?* s'intitulait même : « Quand l'humanité risque la sortie de route[2] » ! Mais être lucide sur cet âge sombre que traverse l'humanité ne doit pas nous empêcher de voir que cette période peut être aussi celle de la germination d'un saut qualitatif dans l'histoire de notre famille humaine. Quel est en effet l'enjeu réel de la nouvelle ère dans laquelle nous sommes entrés ? Rien moins que le salut de notre espèce. Salut de son corps, bien sûr, de sa capacité à survivre biologiquement aux risques qui menacent son existence, mais aussi salut de son

---

1. Arnaud Desjardins, *L'Audace de vivre*, La Table ronde, 1989.
2. Patrick Viveret, *Pourquoi ça ne va pas plus mal ?*, Fayard, 2005.

âme, de son *anima*, de ce qui donne sens à l'aventure humaine dans l'univers.

Jouer à 2012

Pour mieux faire comprendre cet enjeu, j'ai construit un jeu, l'« Exercice 2012 », que j'ai eu l'occasion de proposer à un groupe pour la première fois en 2007. On m'avait demandé à l'époque de préparer une intervention sur le thème « Les risques majeurs auxquels est confrontée l'humanité pour la fin du XXIe siècle ». Je relus bien sûr les rapports officiels, les prédictions alarmistes du GIEC, les études sur les risques de sixième grande extinction, sur la prolifération nucléaire, plus dangereuse encore aujourd'hui qu'à l'époque de la guerre froide... Je tombai alors sur un numéro spécial du *Monde des religions* consacré à la fameuse année 2012, susceptible, selon plusieurs calendriers, de voir survenir l'apocalypse. J'eus alors l'idée de proposer un exercice sous forme de « six/six ». Un groupe de six personnes échangerait pendant six minutes autour de la question suivante : supposons que l'humanité vienne à disparaître en 2012 – ou, dans le cas d'une nouvelle grande extinction, qu'il n'en subsiste qu'un fragment –, qu'aurions-nous envie de dire à ces rares survivants ou à d'autres êtres intelligents éventuellement présents dans l'univers ? Que fut le meilleur de cette espèce, et quelles sont les erreurs à ne pas commettre pour éviter que ne se reproduise une pareille destruction ?

Lorsque je proposai cet exercice pour la première fois, l'énoncé de la règle du jeu provoqua un réel abattement. En effet, que l'on se projette en 2012, en 2100 ou en 3050, chacun sentait bien que cette hypothèse n'était, hélas, pas invraisemblable. Toutefois, très vite, on entendit fuser des rires, indiquant que l'on entrait dans un moment de créativité ludique. Et pour cause : il s'agissait de transmettre le meilleur de l'humanité – le rire, la tendresse, l'amour, la qualité de conscience, etc. Nul ne songeait évidemment à léguer le fric, la lutte pour le pouvoir, la guerre, la destruction de la nature...

Cette mosaïque du meilleur devait grandement faciliter les choses pour le deuxième tour d'échanges, dont l'objet était : comment allons-nous choisir de vivre les x années qui nous restent (à l'époque, c'était cinq ans) ? Ce deuxième tour se révéla particulièrement jubilatoire, puisqu'il s'agissait d'imaginer un vivre-ensemble fondé sur ce meilleur de l'humanité qui venait d'être repéré lors du premier tour.

Vint alors le moment le plus ardu de l'exercice : le troisième tour d'échanges. À l'origine, je l'avais conçu pour introduire un peu de légèreté et d'optimisme, bienvenus après l'hypothèse apocalyptique de départ. Il s'agissait, en partant d'une supposée dépêche d'agence faisant état d'un nouveau rapport officiel moins alarmiste que les précédents, de réfléchir sur le thème : la fin du monde étant repoussée à une date ultérieure, que faisons-nous de ce supplément de temps ? Or, loin d'être vécue comme positive, cette nouvelle donnée fut source de grandes difficultés. Avec l'indistinction de la date de fin revenait le bon vieux « business as usual » : la force des habitudes et des intérêts reprenait le dessus, et, de nouveau, l'organisation du meilleur retrouvait sa place d'utopie lointaine, sans lien direct avec le réel quotidien. Bref, nous étions en train de vérifier la justesse de cette parole de sagesse plurimillénaire : « Vis comme en mourant tu voudrais avoir vécu. » En effet, c'est bien la représentation de notre finitude – finitude individuelle, mais aussi finitude collective de l'humanité – qui nous renvoie à l'essentiel et nous force à inverser le rapport classique entre réalisme et idéalisme. Le véritable réalisme anthropologique, c'est celui qui nous permet d'assumer notre nature d'êtres conscients de leur finitude et de construire notre trajet de vie individuel et collectif en faisant de ce savoir une force de vie plutôt qu'une source d'angoisse dépressive. Et le comble de l'idéalisme, à l'inverse, ce sont tous ces humains qui « vivent sans savoir qu'ils vont mourir et meurent sans savoir qu'ils ont vécu[1] » !

Ainsi, s'il faut choisir une cause pour donner sens à ces temps de troubles et cesser de désespérer de l'avenir, pourquoi ne pas choisir la plus haute, celle de l'humanité elle-même ? Cette cause-là, à la différence des causes économiques, politiques et religieuses, qui sont le plus souvent mises au service de la compétition, de la dominance, voire de la guerre, est une cause qui sait que la véritable menace pour l'humanité n'est pas extérieure. Alors que les communautés politiques – tribus, cités, empires ou nations – se sont construites et pacifiées intérieurement en s'unifiant contre un danger externe – les « étrangers », les « barbares », les « infidèles » –, il n'existe pas de danger extraterrestre pour l'humanité. Et si celle-ci est menacée par une barbarie, c'est, comme nous le disent depuis des siècles les traditions de sagesse, une barbarie intérieure.

Cette cause humaine, ce réalisme anthropologique-là, est autrement plus exigeante que les idéalismes qui se dissimulent derrière les classiques postures de rivalité, de conquête et de domination

---

1. Comme le dit le Dalaï lama, après bien d'autres sages.

que l'on qualifie en général de Realpolitik ou, si l'on veut leur donner une ampleur internationale, de géopolitique de la puissance. Car, par définition, aucune stratégie mondiale de rivalité ou de dominance n'est capable de libérer l'humanité de l'une des causes majeures de sa propre inhumanité, de sa propre barbarie intérieure, c'est-à-dire précisément sa propension permanente à la rivalité et à la dominance. C'est cette cause-là qui fait de la sagesse un enjeu pleinement politique, et non pas seulement personnel et privé.

En quelque sorte, l'humanité a l'embarras du choix quant à la voie qui lui permettra de « réussir à échouer[1] »...

Que ferait un ministère de la défense de l'humanité ?

Le paradoxe avec les tenants de la mondialisation économique, c'est qu'ils répugnent à traiter de la « question mondiale » dès lors qu'elle sort du cadre de la globalisation financière et commerciale. La plupart d'entre eux ne s'intéressent

---

1. Pour reprendre le titre du livre ironique et roboratif de Paul Watzlawick, *Comment réussir à échouer. Trouver l'ultrasolution*, Seuil, 1988.

pas aux enjeux planétaires, mais au maintien de leurs profits, cherchant à se réserver l'accès à de nouveaux marchés et à des retours sur investissement beaucoup plus juteux dans l'économie spéculative que dans l'économie réelle. Pour autant, les deux grands défis écologiques que sont le dérèglement climatique et les menaces pesant sur la biodiversité obligent à poser cette question mondiale. Si le courant de la *démondialisation* critique à juste titre les formes que prend la globalisation financière, il ne saurait cependant constituer une réponse positive, et l'*altermondialisation* reste à cet égard, de mon point de vue, une perspective plus pertinente.

À reculons ou de manière assumée, le problème de la gouvernance mondiale et de sa nature – oligarchique aujourd'hui (G20), démocratique demain ? – est posé. Et quelle est la question qui se trouve au cœur de toute gouvernance, la question dure par excellence ? Celle de la défense, évidemment. Demandons-nous donc ce que seraient les tâches d'un ministère de la Défense de l'humanité. Cela suppose d'identifier des menaces et d'y réagir de manière adaptée. Existe-t-il des menaces d'une telle gravité qu'elles mettent en danger le devenir même de la famille humaine ? La réponse est oui. Viennent-elles de l'extérieur ? Non : en dehors du risque – statistiquement faible – de chute d'un gros astéroïde, et même si le fantasme d'attaques extraterrestres nourrit régulièrement l'imaginaire des réalisateurs de films catastrophes, l'humanité ne rencontre pas de menaces externes. En revanche, il existe bel et bien des menaces internes – intraterrestres, pourrait-on dire. Elles peuvent être regroupées en six grands pôles :

1) la destruction de l'habitabilité humaine de la Terre, liée au défi écologique : aggravation du dérèglement climatique, atteinte à la biodiversité pouvant conduire à une sixième grande extinction, effets de certains produits sur la santé ou la reproduction humaine, pollution des nappes phréatiques, conséquences dramatiques de nouveaux Tchernobyl, de nouveaux Bhopal, etc. Le dossier des risques écologiques s'alourdit chaque mois davantage ;

2) l'autodestruction par des armes de destruction massive : on parle moins de cette menace, mais elle est pourtant plus réelle aujourd'hui qu'hier, du fait de la prolifération des armes nucléaires et de la mise au point de nouvelles armes chimiques et biologiques de destruction massive, alors même que les contrôles exercés par l'ancien condominium soviéto-américain n'ont pas résisté à la décomposition de l'URSS ;

3) le cocktail explosif de la misère et de l'humiliation, à l'heure où les ultrariches affichent un luxe insolent et où les bonus des traders sont repartis à

la hausse. Ce cocktail est susceptible de disloquer les sociétés et de détruire les classes moyennes, comme dans les années 1930, favorisant la montée de courants autoritaires et intégristes prêts à utiliser des formes de terrorisme ou à déclencher des guerres ;

4) la démesure de l'économie financière : celle-ci n'est plus un espace d'investissement, mais un gigantesque casino qui peut plonger le monde dans une dépression redoutable, envers de son « exubérance irrationnelle » antérieure, générant ainsi des régressions sociales qui alimenteront les risques de dérives autoritaires ou guerrières ;

5) le risque d'une guerre de civilisations, théorisé par Samuel Huntington dans son livre *Le Choc des civilisations*. De toutes les guerres, les plus meurtrières sont celles du sens, car elles mobilisent des idéologies qui subordonnent tout, y compris les intérêts économiques et géopolitiques, à des causes prétendument sacrées ;

6) la béance entre science et conscience, caractérisant une humanité en proie à sa propre barbarie intérieure, en guerre avec la nature parce que en guerre avec elle-même. Si, comme nous l'avons vu, nous sommes *Homo sapiens* du point de vue des connaissances, nous restons *Homo demens* du point de vue de notre qualité relationnelle et de conscience ; de ce fait, les avancées scientifiques et techniques les plus magnifiques dans le cadre

de la mutation informationnelle et de la révolution du vivant risquent de déboucher à nouveau sur la béance dénoncée par Rabelais – « Science sans conscience n'est que ruine de l'âme ».

Quelle serait la meilleure manière de faire face aux six menaces que nous venons de recenser ? Un ministère de la Défense de l'humanité considérerait qu'il relève de sa responsabilité de coordonner des politiques d'investissement écologique audacieuses et d'impulser une réorientation radicale de nos économies afin qu'elles cessent de s'inscrire dans une logique spéculative et dans une course à des formes de croissance écologiquement insoutenables. Il ferait de même en matière sociale pour éviter l'explosion du cocktail de l'humiliation et de la misère. Face au risque d'une nouvelle guerre de civilisations, il se donnerait les moyens de lancer, tant à l'échelle planétaire qu'au niveau des quartiers de nos « villes-monde », un dialogue tout à la fois exigeant et ouvert afin de réussir l'alliance entre le meilleur de la modernité occidentale et le meilleur des sociétés de tradition dont nous évoquions la nécessité dans la deuxième partie de ce livre. Et il placerait la question éducative au cœur de son projet pour apprendre aux humains à passer du logiciel ego-compétitif au logiciel alter-coopératif, comme l'exprime Edgar Morin.

Le Forum mondial sur la question humaine auquel les Dialogues en humanité veulent contribuer consiste à travailler sur ce que l'on pourrait appeler le projet « *sapiens sapiens* ». À l'ère de la mutation informationnelle et des sociétés de la connaissance, l'humanité est en effet un « réseau pensant » capable de répondre à tous les grands défis qu'elle affronte, mais elle doit aussi apprendre à être un peu plus un « réseau confiant », susceptible de hisser l'intelligence du cœur au niveau de l'intelligence mentale. C'est ici particulièrement qu'il nous faut méditer l'avertissement de Théodore Monod :

> On en revient toujours au problème central, celui d'une option morale à effectuer et par conséquent d'une philosophie à adopter, d'un choix portant sur la fin de la destinée humaine. Au fond que voulons-nous, que devons-nous vouloir ? Posséder de plus en plus (et « être possédés » !), augmenter notre puissance (matérielle !) et multiplier nos « gadgets », ou viser à un accroissement de l'être, à l'hominisation véritable seule en mesure de nous arracher aux barbaries ancestrales et de rendre enfin possible notre réconciliation avec la nature ? Continuer à « sacrifier le bonheur » au profit et à la puissance, à rester « un homme vide aux mains pleines » ? Ou bien, tandis qu'il en est temps encore, peut-être bifurquer hardiment, courageusement, sans arrière-pensée, pour l'autre direction, celle qui fait passer l'homme avant le profit, la croissance spirituelle avant celle du PNB, le bonheur vrai avant la religion de la production ?

Ce texte magnifique, tiré de *L'Émeraude des Garamantes*, date de 1984[1]. Que se passerait-il si nous le prenions au sérieux ? Il nous inciterait d'abord à changer notre vision de l'économie et de la politique, à mettre en œuvre une autre approche de la richesse et de la puissance. Il nous conduirait ensuite à nous interroger sur l'énergie susceptible de rendre possible ce type de projet et sur le rapport à ce triangle incandescent que forment pour l'humanité le bonheur, l'amour et le sens.

L'AMBIVALENCE DE LA CONDITION HUMAINE

Les sceptiques auront tôt fait d'opposer à cette perspective l'instinct de domination qui, estiment-ils, est au fondement de la nature humaine – domination économique, domination politique, voire domination religieuse comme dans le fameux choc des civilisations évoqué par Samuel Huntington. Mais cette vision est anthropologiquement discutable et nous mène à l'impasse. Il nous faut certes dépasser la conception idéaliste selon laquelle l'homme est naturellement bon et pourrait se réconcilier tant avec la nature qu'avec ses semblables si l'on faisait

---

1. Théodore Monod, *L'Émeraude des Garamantes*, Actes Sud, 2001.

simplement sauter tel ou tel verrou social, politique ou culturel. Mais l'hypothèse misanthrope d'un être voué naturellement à être un « loup » pour ses semblables, et qu'il faudrait encadrer et discipliner par un pouvoir politique ou religieux fort afin de protéger la société de ses passions destructrices, est tout aussi contestable. L'une et l'autre conceptions ont fait dans l'histoire des dégâts considérables, la seconde à travers les effets destructeurs du despotisme en matière politique et du fondamentalisme en matière religieuse.

En réalité, l'humain est un être profondément ambivalent, capable du meilleur comme du pire, et le plus souvent d'un hybride des deux. Son fonctionnement est très lié au couple peur-domination. Plus un être humain a peur, plus il a tendance à se protéger sous des formes qui, parce qu'elles sont souvent agressives et dominatrices, génèrent des réactions symétriques chez autrui. Cela vaut pour les individus comme pour les sociétés. La plupart des guerres se veulent préventives. La plupart des violences résultent du manque de reconnaissance dont souffre un groupe ou un individu, ou de la non-prise en compte d'un fait social. En ce sens, construire du conflit est une alternative à la violence : le conflit permet à chacun des protagonistes d'être reconnu, d'avoir une place dans l'ensemble social, la pire des violences étant l'indifférence.

On ne doit jamais oublier qu'un être humain est d'abord un prématuré. Comme le note Albert Jacquard, la nature a trouvé un compromis pour nous faire naître avec notre gros cerveau : celui de nous faire naître avant terme. Ainsi, un petit humain met des années à acquérir l'autonomie qu'un autre animal possède au bout de quelques jours, voire quelques heures. Mais cette prématurité n'est pas seulement physique ; elle est aussi psychique. Le petit d'homme est un être dépendant et vulnérable qui compense cette vulnérabilité par un amour possessif à l'égard de sa mère que les Grecs ont nommé *porneia*. Cet « amour-absorption » correspond à la situation où le nouveau-né n'a pas encore accédé à la conscience de l'altérité, y compris corporelle : comme le rappelle Winnicott[1], il ne distingue pas clairement son propre corps de celui de sa mère.

On comprend bien dès lors que l'enjeu principal de la vie humaine est une montée vers l'altérité, condition pour que, ainsi que le soulignait Rousseau[2], l'envers de la vulnérabilité humaine, de cette « imperfection originelle » par rapport au monde

---

1. D.W. Winnicott, « Le passage de la dépendance à l'indépendance dans le développement de l'individu », in *Processus de maturation chez l'enfant*, Payot, 1989.

2. Jean-Jacques Rousseau, *Discours sur l'origine et les fondements de l'inégalité parmi les hommes*, 1755.

animal, devienne sa « perfectibilité ». Il faut, rappelons-le près d'une vingtaine d'années à l'être humain pour atteindre sa maturité physiologique, cérébrale et sexuelle. Et c'est cette latitude beaucoup plus vaste, qui est aussi à la racine du désir, qui le fait muter sous l'effet de l'émergence de la conscience. C'est ce couple conscience-désir qui permet à l'homme d'être à la fois très au-delà du règne animal, mais aussi, quand il ne reconnaît pas et ne respecte pas le désir et la conscience de l'autre, de générer des logiques destructrices (meurtres, guerres, carnages, suicides). C'est pourquoi l'amélioration de la qualité de conscience et de relation à autrui est vitale pour la famille humaine. L'homme à la fois est fondamentalement relié et, du fait de sa conscience, perçoit sa radicale singularité. Comment concilier cette singularité et cette reliance ?

C'est toute la question de l'amour qui est posée là. Car ce qui caractérise l'amour, à la différence de la simple attraction, c'est la conscience qu'autrui est également un être conscient, radicalement singulier et tout aussi relié que moi-même. C'est pourquoi, dans les distinctions entre les différentes formes d'amour chez les Grecs, tout tourne autour du « décollage » de la *porneia* pour aller vers l'altérité, la pleine reconnaissance de l'autre dans l'*eros*, la *philia* (l'amitié), voire autour de la capacité à entrer avec autrui dans un rapport de don inconditionnel, ce sommet de la qualité relationnelle et de l'économie du don (sans attente de contre-don[1]) que les Grecs nommaient l'*agapè*[2].

Ce bref rappel anthropologique a le mérite de souligner que le vivre-ensemble des êtres humains ne va pas de soi et que l'idéalisme, dans sa variante marxiste (selon laquelle la fin de l'exploitation économique prépare celle de la domination et de l'État) ou dans sa variante libérale (selon laquelle la main invisible du marché transforme les motivations égoïstes d'individus calculateurs en vertus publiques), est inadéquat du fait de sa superficialité. Il en va de même de la croyance dans le couple discipline-culpabilisation de l'approche misanthrope : celle-ci en effet ne travaille que sur les motivations négatives de la peur et laisse de côté

---

[1]. Marcel Mauss, dans son fameux *Essai sur le don* (PUF, 2007), a bien analysé ce qu'il appelle le don « agonistique », c'est-à-dire le don de rivalité où l'on tente de surenchérir sur le don d'autrui. Mais ce don-là, qui appelle le « contre-don », doit, à mon sens, être distingué du véritable don, le don de générosité, que les Grecs appelaient l'*agapè*, caractérisé par le fait de donner inconditionnellement sans attente de retour.

[2]. Lire, sur ces distinctions grecques, le livre stimulant de Jean-Yves Leloup et Catherine Bensaïd, *qui aime quand je t'aime ?*, pocket, 2007.

l'immense gisement de créativité lié à la curiosité et au plaisir, édifiant ainsi des sociétés dépressives.

Il y a donc à construire une véritable ingénierie sociale dans laquelle l'interaction entre les enjeux personnels et les enjeux sociétaux se joue dès la petite enfance, afin de permettre le travail de mutation du logiciel « ego-compétitif » vers le logiciel « alter-coopératif ». C'est tout l'enjeu de ce que Jeremy Rifkin[1] évoque sous le terme d'empathie, et dont il appelle à la pleine reconnaissance, c'est-à-dire cette capacité dont nous disposons mais que nous développons peu de comprendre ce que ressent autrui. Dans cette perspective, l'autre cesse d'être un rival menaçant pour devenir un compagnon de route en humanité.

On comprend bien que former un être humain à la compétition en lui laissant entendre que la vie est un combat où seuls les plus forts survivent et l'éduquer à la coopération en lui faisant découvrir qu'il peut être tout à la fois pleinement singulier et pleinement relié sont deux options très différentes. Le prétendu réalisme veut nous faire croire que seule la première est possible. Curieusement, pourtant, toutes les traditions de sagesse ou de spi-

---

1. Jeremy Rifkin, *Une nouvelle conscience pour un monde en crise*, sous-titré de manière significative *Vers une civilisation de l'empathie*, Les Liens qui libèrent, 2011.

ritualité censées être au fondement des civilisations, de la compassion bouddhiste aux prophètes juifs ou au message chrétien en passant par l'*agapè* grec ou la miséricorde divine de l'islam, nous disent au contraire que l'humanité se perd quand elle tourne le dos à l'amour. Et la preuve en est administrée par ces traditions mêmes lorsque, instrumentant le divin pour cautionner leur logique de guerre ou de domination, elles sont emportées dans les guerres les plus meurtrières et les plus désespérantes qui soient, les guerres du sens.

N'est-il alors pas temps de prôner le véritable réalisme, le réalisme anthropologique, celui qui prend au sérieux le meilleur des traditions de sagesse accompagnant la famille humaine sur la longue durée ?

L'amour, le bonheur, le sens en procès

Dès lors, donc, que l'on se tourne vers l'essentiel, vers ce qui constitue une source de vie et pas seulement de survie ou de vie végétative, on trouve chez les êtres humains trois aspirations fondamentales : l'aspiration à l'amour, celle au bonheur et celle au sens. Toutes trois sont profondément reliées entre elles : on ne peut vivre heureux sans aimer ni être aimé, et sans donner un sens à sa vie. Pourtant, lorsqu'on se place du point de vue de la sphère sociétale et non plus seulement individuelle, ces aspirations sont regardées comme antinomiques de la démocratie elle-même. L'aspiration au sens peut déboucher, dit-on, sur des logiques identitaires, et à terme sur des guerres du sens – des guerres de religion. Le bonheur conduit au mieux à l'ennui de la fin de l'Histoire (« les peuples heureux n'ont pas d'histoire »), au pire aux politiques totalitaires visant à « faire le bonheur des gens malgré eux », selon l'expression consacrée. Quant à l'amour, il est lui aussi considéré comme « un enfer pavé de bonnes intentions ». L'échec communiste paraît signer celui d'une tentative qui, précisément, plaçait l'amour, le bonheur et le sens (de l'Histoire) au cœur de son projet.

Bref, le procès semble avoir été instruit depuis longtemps, et les condamnations prononcées : amour, bonheur et sens ne peuvent être des objets de débat public. Passer outre cette injonction serait attentatoire à la démocratie. Difficile dans ces conditions de prétendre parler de « sociétés du bien-vivre », de capacité à sortir de la course perpétuelle à l'avoir pour s'orienter vers un développement dans l'ordre de l'être. Il nous faut réexaminer les termes de ce procès pour déterminer s'il n'est pas temps de le réviser.

De l'amour

L'amour a des allures d'objet antipolitique par excellence. Le terme n'a pas bonne presse lorsqu'on aborde les problématiques collectives, alors que c'est de lui que parlent la majorité de nos chansons et de nos romans, et plus largement toute culture, et alors qu'il constitue l'enjeu majeur de nos vies privées.

Pourtant, de quoi parle-t-on quand on évoque la solidarité, la fraternité, le lien social, le vivre-ensemble, etc., si ce n'est de la manière dont les humains s'aiment (plus ou moins bien) ou ne s'aiment pas (plus ou moins mal) ? Alors, plutôt que de persister dans la dénégation ou l'euphémisation, mieux vaut aborder franchement la question des rapports qu'entretient l'amour avec la liberté et la démocratie et tenter d'en avoir le cœur net. Car après l'accusation d'idéalisme (« nous ne sommes pas dans un monde de Bisounours ») vient la critique suprême, celle du risque d'une dérive totalitaire. On ne peut organiser une société, nous dit-on, en s'opposant à des éléments constitutifs de la nature humaine tels que l'instinct de propriété, le désir de compétition, la recherche de son intérêt personnel ou de celui d'un groupe particulier.

Reprenons point par point ces éléments, à commencer par les données dites naturelles. C'est Adam Smith qui fait de l'intérêt la base du lien social dans une société organisée autour du marché. On connaît son image fameuse : pour obtenir du pain de son boulanger, il vaut mieux faire confiance à son intérêt qu'à sa bienveillance – argument imparable si l'on postule que l'intérêt existe comme élément anthropologique fondamental chez l'être humain. Or, ainsi que l'a bien montré Albert Hirschman dans son ouvrage classique *Les Passions et les Intérêts*[1], l'intérêt est un construit social et culturel : ce qui existe chez l'être humain, c'est la dimension émotionnelle, voire passionnelle. Mais, remarque Hirschman, le problème de la passion, c'est qu'elle est le plus souvent démesurée, imprévisible et non quantifiable, trois caractéristiques qui la rendent inapte à fonder un ordre social. On a bien cherché, sans succès, à la discipliner par la raison ou par la religion. En témoigne la tentative inaugurée au XVIIIe siècle pour construire d'abord une « arithmétique des passions », en essayant d'équilibrer les unes par les autres, puis pour inventer un hybride, sorte d'OGM émotionnel qui garderait le mouvement de la passion mais en le mettant au service d'une raison

---

1. Albert O. Hirschman, *Les Passions et les Intérêts*, PUF, 1980.

calculatrice. Voilà l'origine de la notion d'intérêt, cette sorte de petite passion prévisible, maîtrisable et quantifiable dès lors qu'on utilise la motivation du profit et donc l'unité monétaire pour la mesurer.

Pour autant, cette « gestion par les intérêts » ne dure que tant qu'elle s'inscrit dans une civilisation où des valeurs supérieures sont affirmées à l'échelle de l'individu comme à celle de la collectivité. La thèse de Bernard Mandeville dans *La Fable des abeilles*[1], qui postule que les vices privés font la fortune publique, n'est valide que si l'économie est elle-même encastrée dans une culture où l'éthique joue un rôle majeur. Si la déconnexion entre économie et éthique devient totale, si s'impose le modèle d'un individualisme compétitif que ne limitent ni la politique, ni l'éthique, ni la culture, alors le capitalisme est incapable d'organiser un ordre social. Le modèle du capitaine d'industrie puritain cède la place à celui du financier avide ; les casseurs des émeutes urbaines, dont le Premier Ministre britannique s'inquiète de l'absence de sens moral, ne font que reproduire le spectacle quotidien des traders, qui n'ont d'autre objectif que la recherche du profit à court terme et à n'importe quel prix.

Ainsi, contrairement à l'hypothèse du libéralisme économique, il n'y a pas de vivre-ensemble possible

---

1. Bernard de Mandeville, *La Fable des abeilles*, 1714.

sans une culture ou une politique qui introduit la dimension de la reconnaissance du droit d'autrui dans les rapports sociaux. Si l'économie est seconde par rapport à une culture, une politique, une éthique qui reconnaît ce droit, alors son autonomie se trouve suffisamment encadrée pour que cela ne débouche pas sur des effets pervers majeurs. C'est ce qui se passe dans les économies de marché régulées par le droit et le politique, et/ou dans les pays fortement marqués par une tradition morale et religieuse altruiste. La prospérité économique occidentale des trente années d'après-guerre s'est fondée sur cette alchimie. Mais dès lors que, comme cela s'est produit avec la mise en œuvre des politiques de dérégulation reaganiennes et thatchériennes, les cadres politiques sautent, alors même que les régulations éthiques sont en crise, la démesure d'un capitalisme sans boussole produit un désordre sans cesse croissant.

En réalité, le libéralisme économique commet la même erreur anthropologique que le collectivisme. Là où le second nie le problème de la singularité individuelle, le premier oublie qu'un être humain est d'abord un être relié et que sa survie psychique dépend tout autant de la qualité de cette reliance que sa survie biologique. L'échec du communisme et son dérapage totalitaire ne sont pas dus à l'amour, mais au contraire au refus de l'altérité qui caractérise le non-amour, la chosification ou la possession d'autrui. Ce n'est pas parce que toute idéologie dominatrice a besoin de se parer de valeurs fondamentales qu'il faut se laisser prendre au piège. Le capitalisme se drape dans la liberté pour mieux masquer sa logique de domination, tout comme l'étatisme bureaucratique cherche à faire oublier ses relents totalitaires au nom de la fraternité et de l'égalité. Il en va de même de l'intégrisme religieux, qui tente de dissimuler son projet d'exclusion des autres traditions de sens derrière sa promesse d'un monde meilleur que l'on pourrait gagner par la foi. Toutes ces approches ont pour point commun de nier en pratique la condition fondamentale de l'amour, qui est aussi celle de la démocratie : la reconnaissance et le respect de l'altérité.

Le procès du bonheur

On retrouve une posture de même nature dans l'autre grand procès, celui du bonheur, suspecté d'être à la racine des projets totalitaires. Ce procès est lui aussi instruit avant tout par le capitalisme, qui ferait mieux de balayer devant sa propre porte. Car quel système a plus que lui poussé l'instrumentation du désir de bonheur et sa marchandisation à travers la publicité, jusqu'à en faire une industrie de masse ? Quant à l'accusation selon laquelle toute politique tendant à favoriser le bien-vivre conduit en réalité à faire le bonheur des gens malgré eux et débouche sur des despotismes, elle oublie que la première condition d'une société du bien-vivre, d'un vivre-ensemble organisé sur le droit de chacun à vivre et pas seulement à survivre, est là encore le respect de l'altérité et sa condition, la démocratie. Loin, donc, qu'il y ait contradiction entre démocratie, amour et bonheur, ce sont au contraire trois dimensions fondamentales pour avancer vers une société capable de favoriser un développement dans l'ordre de l'être et non une course écologiquement destructrice vers l'avoir.

Encore faut-il ne pas considérer le bonheur comme un capital à conquérir et à préserver. Le bonheur, c'est une qualité de présence, une qualité d'intensité, ou encore – peut-on dire en jouant sur la sonorité du terme français – l'art de vivre « à la bonne heure ». C'est le sens de la *jubilación* espagnole. Autant dire que choisir d'être heureux ne consiste pas à nier les épreuves de la vie. On est autant « à la mauvaise heure » en s'interdisant le chagrin à l'occasion de la mort d'un être cher qu'en s'interdisant le plaisir ou la joie quand il est possible de les éprouver. Le grand enjeu, c'est de sortir du couple excitation/dépression qui caractérise le modèle dominant de nos sociétés, des marchés financiers au spectacle politique, du sport aux médias. Car cette modalité d'accès à l'intensité fondée sur le déséquilibre et la démesure se paie d'une phase dépressive ultérieure, laquelle suscite le besoin d'une nouvelle excitation.

Ce cercle vicieux peut être rompu : une autre modalité de vie est possible, sur le plan tant personnel que collectif. Il s'agit du rapport intensité/sérénité. C'est ce que nous ressentons quand une joie profonde nous irradie et nous relie à autrui au lieu de nous isoler. Cette joie, qui peut naître de l'amour, de la beauté, de la paix intérieure, c'est-à-dire d'un rapport harmonieux à la nature, à autrui ou à soi-même, est alors tout à la fois intense et sereine. Une sérénité qui permet de l'inscrire dans la durée, au contraire de l'excitation. Entendons-nous bien : une telle approche n'exclut en aucun cas cette forme d'intensité particulière qu'est la grande fête, le carnaval, le temps exceptionnel de la vie personnelle ou collective. Mais elle invite à vivre ce temps autrement que dans le modèle de l'excitation, permettant ainsi d'éviter après coup l'effet « gueule de bois » ou encore la logique du plaisir pervers, où l'excitation est en fait procurée par une domination d'autrui. Bref, la « sobriété heureuse » n'est pas l'austérité, et encore moins l'ascétisme. C'est une capacité à vivre intensément ce voyage de vie conscient dans l'univers que nous propose l'aventure humaine, et c'est, sur le plan politique, le droit accordé à tout être humain de se mettre debout pour vivre et pas seulement survivre.

La question du sens

Le troisième volet de l'aspiration à l'essentiel chez les humains concerne la question du sens – incontournable pour tout être conscient, et notamment conscient de sa finitude. Quel est le sens de ma vie, de celle des autres ? Quel est le sens de cette humanité, de cet univers qui l'a fait advenir au terme d'un prodigieux processus de près de quatorze milliards d'années ? Que l'on soit agnostique, croyant ou athée, on ne manque pas de se poser ces questions un jour ou l'autre, et aucune collectivité n'y échappe. L'histoire des civilisations est d'abord l'histoire des tentatives de réponse qu'elles cherchent à apporter à ces questions ultimes. Mais, précisément parce qu'il s'agit d'un enjeu essentiel, voire vital, l'instrumentation du sens peut avoir des conséquences plus meurtrières encore que celle de la liberté, de l'égalité ou de la fraternité. Car si le sens, au lieu d'être un espace privilégié de questionnement, devient le vecteur de réponses dogmatiques ; si, au lieu d'être respectueux de la quête d'autrui, il cherche à la dominer ou à l'exclure, alors se déclenche une guerre du sens. Et qu'importe qu'elle tourne autour de religions transcendantes, révélées ou séculières. Les condamnés des procès de Moscou au nom du sens de l'Histoire relèvent des mêmes logiques meurtrières que les condamnés de l'Inquisition catholique (Torquemada), protestante (Calvin)[1], de l'intégrisme juif ou de la charia islamique. Dans tous les cas, ce qui est à l'œuvre, c'est encore le mépris de l'altérité, et le premier droit de l'altérité dans le domaine du sens, c'est évidemment celui de la liberté de conscience.

L'enjeu de la qualité démocratique

Ainsi, ces trois aspirations fondamentales – à l'amour, au bonheur et au sens – que rencontrent non seulement tout individu, mais toute collectivité en quête d'essentiel, ne sont pas liées structurellement à des logiques despotiques. Elles appellent au contraire une qualité démocratique supérieure, une « haute qualité démocratique », comme on parle de

---

1. Moins connue que l'Inquisition catholique, l'Inquisition protestante, en particulier celle de Calvin, a été dénoncée et racontée avec force par Stefan Zweig dans son livre sur la condamnation à mort de Michel Servet : *Conscience contre violence*, LGF, 2010.

« haute qualité environnementale ». Car le respect du droit à l'objection de conscience, fût-ce d'un seul être humain, est beaucoup plus exigeant que le respect de la majorité.

Nous ne sommes donc pas condamnés à nous tourner vers le futile sous prétexte que l'essentiel serait par nature trop dangereux. Apprendre à s'élever en qualité d'amour, comprendre que le bonheur est une qualité de présence et non un coup de chance, développer la tolérance des traditions de sens dans une laïcité ouverte et respectueuse, c'est refuser de limiter l'ambition de l'humanité à la seule survie biologique ou au seul divertissement purement matérialiste des sociétés marchandes. Le droit de chaque être humain à vivre debout intensément et à ne pas se contenter de vivoter ou de survivre est au cœur d'un projet de société qui vise à répondre à la question : qu'allons-nous faire *de* notre vie, et non pas seulement *dans* notre vie ?

Quel rôle pour l'humanité dans l'univers ?

Une vision planétaire destinée à préserver notre terre-patrie[1] et à mettre en place une gouvernance démocratique mondiale appuyée sur la citoyenneté terrienne serait presque réductrice si nous ne disions aussi quelques mots de notre rapport à l'univers, dont dépend notre rapport à notre petite planète. Car ce qui paraît trop vaste de notre point de vue actuel est infinitésimal si nous nous plaçons du point de vue de la conscience. Notre conscience, en effet, nous transporte depuis très longtemps déjà bien au-delà de notre horizon terrien. Dès que l'homme s'est levé et qu'un début de conscience l'a conduit à se demander : « Le ciel est-il habité ? », la question de notre rapport à l'univers s'est trouvée posée. Et toute politique terrienne de l'humanité se trouvera confrontée à cette question, que ce soit pour traiter de problèmes aussi concrets que la démilitarisation de l'espace ou le traitement des quantités considérables de déchets que nous y avons déjà envoyées, pour décider de la taille des budgets à consacrer à l'exploration du système solaire, voire, encore plus radicalement, pour réfléchir à l'attitude que nous

---

1. Selon la belle expression d'Edgar Morin et Anne-Brigitte Kern dans *Terre-Patrie*, Seuil, 1993.

devrions adopter à l'égard de civilisations extraterrestres.

Trois grandes questions déjà présentes au cœur de nos débats publics nous conduisent en effet à penser des politiques « métaterrestres », le préfixe « méta » signifiant « au-delà » :
– la question écologique, bien sûr, puisque la préservation de notre atmosphère, le climat et la pollution de l'espace sont déjà des problèmes actuels ;
– la question des biens communs et de la propriété de l'espace. Celui-ci ne saurait être la propriété exclusive des Terriens, à moins de reproduire à l'échelle de l'univers les mécanismes de captation qui ont fait tant de dégâts sur notre planète et sur ses habitants. Il faut donc commencer à explorer la question des « biens communs universels » ;
– liée à la précédente, la question de la part des ressources à consacrer à l'exploration spatiale.

Sans oublier bien sûr le problème de la politique interplanétaire à définir à l'égard d'éventuelles civilisations extraterrestres.

Toutes ces questions convergent vers un même constat : il serait désastreux pour l'humanité de répéter, appliquées à l'univers, un certain nombre de conduites qui ont été les nôtres au cours de notre itinéraire sur terre, à commencer par notre rapport guerrier à la nature et à autrui.

De l'amour, de la haine et de la conscience

Mais ce rapport guerrier n'est pas facile à dépasser. Il prend en effet sa source dans deux immenses mutations, deux cadeaux magnifiques de l'univers à l'histoire du vivant, puis à celle de l'humanité, des cadeaux qui peuvent se révéler empoisonnés si nous en mésusons : la sexualité et la conscience.

Le passage (partiel) de la reproduction par dédoublement et clonage (qui caractérise les cellules) à la reproduction sexuée s'accompagne de la double émergence de la mort et de la singularité. C'est parce que naît un individu radicalement singulier que cet individu est à terme voué à la mort ; sinon, le renouvellement de la vie serait bloqué. Tous les projets plus ou moins fantasmés d'éradication de la mort butent contre cette limite radicale : veut-on aussi en finir avec la sexualité et avec la singularité ? Après tout, point n'est besoin de chercher bien loin pour trouver des formes de vie infiniment plus durables que la nôtre : nos cellules, et notamment nos bactéries, qui précisément se reproduisent par simple division. L'invention de la sexualité est donc essentielle dans l'histoire de l'univers.

Pourquoi, maintenant, l'émergence de la conscience réflexive constitue-t-elle un bouleversement considérable, source d'une intelligence créative inouïe mais qui peut se révéler douloureuse si elle ne progresse pas dans sa propre qualité ? Tout simplement parce que cette conscience réflexive crée la séparation : séparation avec l'univers, puisque je suis conduit à me penser *dans* la nature plutôt que *de* la nature ; séparation avec autrui, puisque je me perçois comme radicalement singulier ; séparation avec moi-même, parce que j'entre dans un dialogue intérieur qui, si je n'apprends pas à m'aimer moi-même, peut tourner à la guerre intérieure – source de la guerre avec autrui et avec la nature, comme l'ont montré la plupart des sagesses. Voilà le sens du fameux « Aime ton prochain comme toi-même » !

Tout cela ne signifie évidemment pas la disparition du processus de l'attraction, cette aimantation globale de l'univers exprimée par les forces de gravitation de l'électromagnétisme ou des interactions nucléaires fortes et faibles. Ainsi, l'énergie sexuelle est elle-même aimantée, et nous observons bien entre humains des phénomènes d'attraction, de répulsion ou d'indifférenciation. La différence, c'est, à travers la conscience, la reconnaissance de la singularité d'autrui et, par conséquent, de son propre désir ou non-désir. Cette reconnaissance de l'altérité est ce qui caractérise l'amour, et c'est sa négation qui constitue la marque de son refus. Un viol, un harcèlement sexuel relèvent d'une aimantation non aimante car non réciproque.

En ce sens, la contribution que des êtres sexués et conscients tels que les humains apportent à l'histoire de l'univers est celle, pourrait-on dire, d'un ensemencement de conscience et d'amour. Nous sommes peut-être de véritables lilliputiens, mais cette mutation-là est considérable. Si, à la suite de philosophes comme Spinoza, nous appelons « Dieu » cet univers mystérieux et infiniment plus puissant que nous, et dont nous sommes les enfants, alors – pour reprendre la belle expression d'Etty Hillesum déportée à Auschwitz – « Dieu a besoin de nous » ! Car l'inverse de l'amour est aussi possible, cette autre émotion intense propre à l'espèce humaine et que nous appelons la haine : haine de soi, haine d'autrui, haine de cet univers auquel nous reprochons de nous avoir projetés dans une vie de souffrance...

C'est dire que cette montée en conscience et en amour ne va pas de soi, et qu'elle peut même tourner si mal que le règne animal (et *a fortiori* végétal ou minéral) nous semble parfois de loin préférable, car infiniment plus apaisé. Cependant, si nous réussissons à progresser dans cette double qualité d'amour et de conscience, nous devenons les cocréateurs d'un univers qui n'est pas sans rappeler la vision teilhardienne, exprimée dans *Le Phé-*

nomène humain dans une perspective croyante[1], ou celle d'Edgar Morin dans son « Évangile de la perdition », texte qui clôt *Terre-Patrie* dans une perspective agnostique et même athée :

> Voilà la mauvaise nouvelle : nous sommes perdus. S'il y a un évangile, c'est-à-dire une bonne nouvelle, elle doit partir de la mauvaise : nous sommes perdus, mais nous avons un toit, une maison, une patrie : la petite planète où la vie s'est créé un jardin, où les humains ont formé leur foyer, où désormais l'humanité doit reconnaître sa maison commune… Ce n'est pas la Terre promise, ce n'est pas le paradis terrestre. C'est notre patrie, le lieu de notre communauté de destin de vie et de mort terriennes.

Mais Edgar Morin ajoute :

> L'évangile des hommes perdus et de la Terre-Patrie nous dit : soyons frères, non parce que nous serons sauvés, mais parce que nous sommes perdus. Soyons frères, pour vivre authentiquement notre communauté de destin de vie et de mort terriennes. Soyons frères, parce que nous sommes solidaires les uns des autres dans l'aventure inconnue[2].

Ainsi, quelle que soit l'hypothèse que nous privilégions au sujet de cet « invisible » dont parle Stéphane Hessel, de ce mystère de l'univers, le dialogue

---

1. Pierre Teilhard de Chardin, *Œuvres*, vol. 1 : *Le Phénomène humain*, Seuil, 1955.
2. Edgar Morin et Anne-Brigitte Kern, *Terre-Patrie, op. cit.*

cher à Aragon « entre celui qui croyait au ciel et celui qui n'y croyait pas » débouche sur une même exigence : aller vers une plus grande qualité d'amour entre les humains.

QUATRIÈME PARTIE

La stratégie du désir

> *Je veux vivre dans un pays où il n'y a pas d'excommuniés. Je veux vivre dans un monde où les êtres seront seulement humains, sans autres titres que celui-ci, sans être obsédés par une règle, par un mot, par une étiquette. Je veux qu'on puisse entrer dans toutes les églises, dans toutes les imprimeries. Je veux qu'on n'attende plus jamais personne à la porte d'un hôtel de ville pour l'arrêter, pour l'expulser... Je veux que l'immense majorité, la seule majorité : tout le monde, puisse parler, lire, écouter, s'épanouir.*
>
> Pablo Neruda

Le désir d'humanité face à la sidération

Choisir la cause de l'humanité, c'est choisir la cause de la vie, ce qui suppose aussi de ne pas être dans le déni de la mort. C'est le contraire de la sidération, et cette alternative – nous l'avons rappelé au début du livre –, c'est le désir, la désidération, c'est-à-dire le choix de la vie et du mouvement. Cela passe pour moi – mais je ne prétends pas qu'il s'agisse de la seule voie possible[1] – par une libération de notre imaginaire collectif face à la pensée TINA, le fameux « There is no alternative » formulé par Margaret Thatcher à l'aube de la « révolution » conservatrice anglo-saxonne (qui constitue en réalité une contre-révolution) et suivant lequel il n'y a pas d'alternative aux logiques du capitalisme dominant.

Ce cycle historique qui s'achève dans un chaos croissant pourrait être nommé DCD, car il s'est traduit par une triple caractéristique : dérégulation, compétition et délocalisation à outrance. Il est d'abord venu buter contre son insoutenabilité écologique : un défi planétaire tel que la lutte contre le dérèglement du climat exige de la régulation, de la coopération et de la relocalisation (évidemment non autarcique). Mais à cela s'est rapidement ajoutée une insoutenabilité financière : la création monétaire privée par le biais du crédit (pièces et

---

1. La plupart des traditions politiques démocratiques se réfèrent à une forme d'humanisme. Si elles s'y ressourcent et en tirent des conclusions décisives, elles peuvent fonder des politiques plurielles, diverses dans leurs principes et dans leurs points d'application, mais dont le point commun sera toujours le double respect de la justice et de la démocratie.

billets sont désormais résiduels), après avoir dopé les marchés financiers par un excès de monétarisation source de bulles spéculatives de plus en plus dangereuses, a conduit à une sous-monétarisation dans l'économie réelle, en particulier pour les populations les plus modestes.

Après qu'une série de crises financières majeures a éclaté hors de la sphère occidentale (Amérique latine, Asie, Russie...), nous sommes entrés depuis le krach de 1987 – que la Fed (la Réserve fédérale américaine) avait déjà traité par une fuite en avant dans l'émission de liquidités – dans une phase de déséquilibre aggravé du capitalisme financier, qui se traduit par le fait que moins de 3 % des échanges financiers quotidiens mondiaux correspondent à des biens et services réels[1] !

Ce système agit comme une véritable pompe aspirante qui détruira à terme tous les mécanismes de protection sociale s'il n'est pas régulé et encadré. Il résulte de la conjonction d'une exigence de rentabilité de court terme démentielle (les fameux 15 % minimum), d'un endettement par effet levier et d'un gonflement démesuré des produits dérivés : Michel Barnier, commissaire européen, a ainsi évoqué le chiffre faramineux de 600 000 milliards de

---

[1]. Voir *supra*, p. 24, et l'étude de Bernard Lietaer, *Mutation mondiale, crise et innovation monétaire, op. cit.*

dollars[1] ! L'évaluation des risques reposant, pour l'essentiel, sur trois agences de notation totalement compromises de par leurs intérêts mêlés avec ceux des acteurs financiers[2], le système est incapable de toute autoréforme. Il est arrivé à un point où il ne peut poursuivre sa fuite en avant qu'en s'attaquant massivement aux grands acquis sociaux qui ont caractérisé la période historique précédente. Dès lors, la contradiction écologique se double d'une contradiction sociale qui se creuse. Celle-ci fait peser, comme dans les années 1930, des risques de désagrégation des sociétés redoutables pour la démocratie, voire, à terme, pour la paix en Europe : en effet, les partis démocratiques vont être de plus en plus discrédités par l'obligation qui leur est faite par les marchés de conduire des programmes de régression sociale dans un contexte d'inégalités toujours aussi obscènes.

La phase en cours est particulièrement dangereuse, comme l'est toute fin de cycle dominant. L'effondrement du modèle DCD se traduit d'abord par l'aggravation de ses aspects les plus caricaturaux et

---

1. Cf. *Paris Match*, « Actu-Match », 23 avril 2010.

2. Standard & Poor's, Moody's et Fitch. Le discrédit dont souffrent ces agences occidentales conduit d'ailleurs à la percée de l'agence de notation chinoise, qui a décoté depuis longtemps la plupart des pays occidentaux.

les plus destructeurs. Souvenons-nous : c'est dans les derniers moments de la colonisation française que la forme la plus extrême de violence et d'apartheid s'est exprimée à travers l'OAS en Algérie. De même assiste-t-on aujourd'hui à une radicalisation des formes les plus brutales et les plus cyniques de l'« hypercapitalisme » – un terme que l'on doit à Robert Reich, ministre du Travail sous Bill Clinton. Stock-options, bonus, licenciements boursiers, produits bancaires toxiques semblent se multiplier à l'heure même où un nombre croissant de personnes renoncent à se faire soigner faute de revenus suffisants. On aurait pu croire que les leçons de la crise de 2008 avaient été tirées. Pas du tout ! Oublié le thème pourtant bien vague et consensuel du développement durable, avec ses trois piliers : économique, social et environnemental. Oubliée la lutte contre le dérèglement climatique, l'échec du sommet de Durban venant confirmer l'incapacité de la communauté internationale à réduire de manière significative les émissions de gaz à effet de serre d'origine humaine. Oubliés les objectifs du Millénaire des Nations unies, destinés à combattre la faim, la misère et le manque de soins... L'heure est à la régression écologique, à une nouvelle fuite en avant au profit du système financier, doublée d'une formidable fuite en arrière sur le plan social à travers des plans d'austérité d'une ampleur inédite.

Face à cette logique meurtrière, il faut oser dire que c'est bien une alternative au capitalisme et non son simple aménagement qui est désormais à l'ordre du jour.

OSER PENSER UN AU-DELÀ DU CAPITALISME : L'APPORT D'ANDRÉ GORZ

Notre source d'inspiration ici est André Gorz[1], avec sa capacité à penser sous un angle pluridisciplinaire les questions décisives de notre temps, et singulièrement la conjonction des grandes crises dans lesquelles nous sommes entrés.

S'il est un terrain où Gorz est à l'avant-garde, sachant que sa position était sur ce point extrêmement marginale, c'est bien l'annonce d'une « sortie du capitalisme », soit sous forme civilisée, soit sous forme barbare, telle qu'il l'exprime dans son livre posthume *Ecologica*. Après plusieurs décennies où l'on s'était entendu marteler le discours sur le caractère incontournable du capitalisme, au point que les seules stratégies transformatrices envisagées relevaient d'aménagements ou de modifica-

---

1. Une partie de ce chapitre se nourrit d'un texte que j'avais écrit pour le livre collectif *André Gorz, un penseur pour le XXIe siècle*, La Découverte, 2009.

tions non substantielles du système, l'approche de Gorz avait de quoi surprendre. Or la conjonction actuelle de crises dont le caractère interconnecté est de plus en plus net (crise climatique, financière, alimentaire, etc.) pose bien de nouveau la question systémique du capitalisme.

La conviction de Gorz de l'incapacité du capitalisme à assurer sa propre soutenabilité est restée totalement marginale jusqu'à la crise des subprime. Depuis, cette vision est de plus en plus défendue, non par les courants sociaux et politiques dont on aurait pu attendre qu'ils s'en réclament (le syndicalisme, la gauche, l'écologie politique en particulier), mais, paradoxalement, par les acteurs qui se situent au cœur même du capitalisme, et singulièrement de sa composante financière.

Citons par exemple deux auteurs dans ce cas : Patrick Artus, directeur de la recherche de Natixis, et Marie-Paule Virard, rédactrice en chef d'*Enjeux-Les Échos* de 2003 à 2008. Après avoir écrit *Le capitalisme est en train de s'autodétruire* en 2005, ils récidivent en 2008 avec *Globalisation : le pire est à venir*[1]. Le livre a été écrit, précisons-le, avant la faillite de la quatrième banque d'affaires américaine,

---

1. Patrick Artus et Marie-Paule Virard, *Le capitalisme est en train de s'autodétruire*, La Découverte, 2005, et *Globalisation : le pire est à venir*, La Découverte, 2008.

Lehman Brothers, en septembre 2008. La page de garde de l'ouvrage est édifiante et pourrait aisément passer pour de la littérature altermondialiste :

> Le pire est à venir de la conjonction de cinq caractéristiques majeures de la globalisation : une machine inégalitaire qui mine les tissus sociaux et attise les tensions protectrices ; un chaudron qui brûle les ressources rares, encourage les politiques d'accaparement et accélère le réchauffement de la planète ; une machine à inonder le monde de liquidités et à encourager l'irresponsabilité bancaire ; un casino où s'expriment tous les excès du capitalisme financier ; une centrifugeuse qui peut faire exploser l'Europe.

Fermez le ban ! Et les auteurs issus de l'intérieur du système financier sont nombreux. Alan Greenspan, l'ancien patron de la Fed, a écrit dans son livre *Le Temps des turbulences*[1] que la finance mondiale était devenue tel un bateau ivre. Jean Peyrelevade, l'ancien patron du Crédit Lyonnais, dresse dans *Le Capitalisme total*[2] un constat accablant sur un système financier incapable d'investir au-delà du court terme. Et le fait que l'on puisse, à juste titre, s'interroger sur la cohérence et l'éthique de ces différents auteurs, qui ont souvent largement profité des

---

1. Alan Greenspan, *Le Temps des turbulences*, J.-C. Lattès, 2007.
2. Jean Peyrelevade, *Le Capitalisme total*, Seuil, 2005.

rémunérations indécentes du système avant de le critiquer, ne retire rien à la pertinence de leurs analyses, d'autant plus percutantes qu'elles se révèlent toujours justes cinq ans plus tard...

Le risque de sortie « barbare » du capitalisme

La question centrale sur laquelle Gorz attire notre attention, c'est de savoir comment éviter la sortie « barbare » du capitalisme. En effet, l'humanité a déjà connu une telle sortie à l'occasion de deux guerres mondiales et de trois grands faits totalitaires. Selon l'analyse classique que fait Karl Polanyi dans *La Grande Transformation*[1], c'est bien le dérapage de l'économie de marché en une « société de marché » – ce que Joseph Stiglitz qualifie de nos jours de « fondamentalisme marchand » – qui est à la racine de dérèglements sociétaux fondamentaux.

Attention : il est essentiel ici de ne pas confondre économie de marché et capitalisme, comme le font trop souvent aussi bien les tenants du libéralisme économique que les marxistes. C'est lorsqu'on sort de la régulation du marché, qui n'est lui-même que l'une des formes prises par l'échange social, pour aller vers un tout-marché dérégulé que l'on bascule dans

---

1. Karl Polanyi, *La Grande Transformation*, Gallimard, 1983.

le capitalisme proprement dit, c'est-à-dire dans un modèle de société où l'enrichissement prime toutes les autres valeurs.

Karl Polanyi a une expression très parlante pour caractériser ce basculement : c'est, écrit-il, « lorsque l'économie de marché sort de son lit » et déborde alentour pour devenir « société de marché » qu'elle atteint en leur cœur les liens fondamentaux non marchands tels que le lien politique ou l'espace de réciprocité (les liens familiaux, amicaux, amoureux, fondés sur le don). C'est alors la substance même du lien social qui se trouve attaquée dans ce que j'ai proposé d'appeler, dans mon rapport sur la richesse, des « fondamentaux anthropologiques[1] ». Ce sont ces dérèglements qui ont conduit d'une part au grand cycle guerrier de la première moitié du XXe siècle, d'autre part aux réactions autoritaires puis totalitaires qui se sont incarnées dramatiquement dans le fascisme, le nazisme et le stalinisme. Et ce qui s'est mis en place après la Seconde Guerre mondiale, loin de correspondre à l'ultracapitalisme débarrassé de toute régulation des trente-cinq dernières années, constitue en réalité un modèle d'économie mixte régulée. Cette économie mixte se décline dans une version française avec un fort

---

1. Patrick Viveret, *Reconsidérer la richesse*, Éditions de l'Aube, 2004.

secteur public, dans une version allemande sous forme d'économie sociale de marché, dans une version britannique sur le mode travailliste, et même dans une version américaine, puisqu'on oublie trop souvent que la taxation des hauts revenus pouvait atteindre 91 % sous le mandat du républicain Eisenhower[1] !

Les conditions d'une sortie « civilisée » du capitalisme

La première condition d'une sortie civilisée du capitalisme sera de traiter simultanément, et non séparément, la crise écologique, la crise sociale et la crise financière. Car, à moins de basculer dans ce que Gorz qualifie sévèrement de « pétainisme vert », il n'est possible d'avancer sur ce terrain que si les trois milliards d'êtres humains qui vivent en situation de précarité et de pauvreté extrêmes sont associés au projet. Et, à son tour, cela n'est possible que si la mise en cause des inégalités mondiales devient un enjeu majeur : on ne peut demander à des humains dont le projet de vie se borne aux

---

1. L'imposition à plus de 90 % de la tranche supérieure des revenus avait été décidée par Roosevelt, mais la mesure a été appliquée par tous ses successeurs, dont Eisenhower.

vingt-quatre prochaines heures – pour reprendre une expression forte de Bertrand Schwartz – de se préoccuper de l'avenir de la planète, fût-ce à un horizon court de quelques décennies. Et c'est aussi valable au cœur de nos sociétés de consommation pour les millions de personnes vivant en dessous du seuil de pauvreté. Traiter simultanément la crise écologique et la crise sociale suppose de cesser de répondre à la crise financière par la fuite en avant, comme cela a été le cas jusqu'ici, les banques centrales ouvrant le robinet à liquidités à chaque menace de crise boursière et bancaire, aggravant du même coup la démesure structurelle de l'économie financière.

La question des trois dettes

Il existe en effet non pas une, mais trois dettes, sur lesquelles il faut agir simultanément. La première est la dette écologique, qui se mesure par l'empreinte écologique. Elle a permis aux pays riches et à leurs classes possédantes de s'offrir un mode de vie écologiquement insoutenable, parce que trois milliards d'êtres humains continuent, eux, de vivre avec une empreinte écologique bien moindre. Mais quand les Indiens ou les Chinois se mettent à dépasser les seuils et à rattraper l'Occident, cela devient insoutenable. Comme le disaient les manifestants lors du sommet de Copenhague : « Il n'y a pas de planète B ! » La tâche la plus urgente est donc, pour le monde issu du modèle industriel occidental, grand émetteur de gaz à effet de serre, de se reconvertir et d'aider à la réorientation du Sud vers des modes de développement écologiques.

La dette sociale désigne, elle, le transfert d'une part considérable de la rémunération du travail vers la rémunération du capital depuis les années 1980. Selon Pierre Larrouturou, cela représente plus de 35 000 milliards de dollars en trente ans. Cette dette est le résultat du creusement des inégalités sociales[1] et de la constitution de fortunes dues pour l'essentiel à des placements financiers spéculatifs. En ce sens, on peut dire légitimement, comme le font les mouvements d'Indignés dans le monde entier, que la crise financière est en grande partie une « escroquerie » – ce que vient d'ailleurs conforter le propos d'un des hommes les plus riches du monde, Warren Buffett : « La guerre de classes existe, mais c'est ma classe, celle des riches, qui la mène et qui est en train de la gagner. »

---

1. Pierre Larrouturou, *Pour éviter le Krach ultime*, Éditions Nova, 2011. Lire également les propositions du collectif « Roosevelt 2012 » in www.NouvelleDonne.fr

En France, la Cour des comptes a mis en évidence, sur la période 2000-2010, 100 milliards d'euros d'exonérations fiscales de toute nature. Or ces sommes constituent une double peine pour les uns et un double bénéfice pour les autres. Les bénéficiaires de ces 100 milliards paient moins d'impôts et de cotisations sociales ; avec ce surplus, ils peuvent se permettre de prêter, notamment aux États, et donc de percevoir les intérêts de leurs prêts. Les gens modestes, eux, non seulement reçoivent moins en termes de services publics ou de prestations sociales, mais en plus doivent supporter les politiques d'austérité en tant que citoyens contributeurs. On a ainsi transformé une dette sociale due aux classes modestes en une dette financière due, avant tout, aux plus riches.

Voilà pourquoi la troisième dette, la financière, doit être mise en rapport avec les deux premières. Sans cela, on verra se creuser encore davantage les inégalités écologiques et les inégalités sociales, puisque, mécaniquement, le remboursement de la dette dans les conditions actuelles va aller grossir le revenu de ce fameux 1 % des plus riches que fustige notamment le mouvement Occupy Wall Street.

Avant d'envisager un quelconque remboursement de la dette financière, il faut donc mettre en place des dispositifs rigoureux qui garantissent aux plus pauvres un « bouclier vital » indexé sur un plafond maximal d'inégalités de revenus. Si un gouvernement de gauche était élu en France en 2012, sa première mesure pourrait ainsi être de faire passer une loi définissant un seuil maximal d'inégalités – par exemple un rapport de 1 à 10 – acceptable dans notre république, dont la devise est, après tout, « Liberté, égalité, fraternité ». Cela aurait pour effet d'entraîner une élévation des minima sociaux, mais aussi de créer l'équivalent d'un revenu maximal – ce qui, rappelons-le, est déjà une réalité pour de très nombreux citoyens, puisque des plafonds de revenus existent pour la majeure partie des prestations sociales. Il s'agit ici de revenir à une approche qui, du New Deal aux économies de marché régulées des trente années d'après guerre, a permis le financement de systèmes sociaux sans lesquels nous connaîtrions aujourd'hui un chaos comparable à celui des années 1930 de sinistre mémoire.

Avec une telle mesure, lorsqu'on remboursera la dette les petits épargnants seront bénéficiaires directs, mais les plus riches verront rapidement leur plafond dépassé. Il sera donc légitime que cet excès de revenus soit repris au titre de la fiscalité. Dans le cas de la France, un tiers de la dette est concerné, le reste étant détenu par des fonds étrangers. Cela constituerait déjà une transformation majeure, puisque la première tranche de remboursement limiterait d'autant le coût colossal des intérêts, qui composent aujourd'hui l'essentiel de la dette française[1].

Le rôle des monnaies sociales

On peut aussi imaginer une façon à la fois plus libérale et plus radicale d'utiliser ce remboursement, en réinvestissant l'excès d'argent dans des formes collectives d'investissement écologique et social, à travers des fondations dont la collectivité publique serait partie prenante et par le biais de l'instauration d'une monnaie écologique et sociale. Pour cela, il faut repenser la monnaie, dont on voit bien qu'elle est au cœur de nos dysfonctionnements actuels. Cela implique d'édifier, dans le sillage des expérimentations de monnaies sociales et locales auxquelles on assiste aujourd'hui, une architecture monétaire pluraliste reposant sur des formes monétaires valables dans des échanges économiques qui présentent une valeur ajoutée sociale, écologique, territoriale ou citoyenne – en d'autres termes, d'inventer une monnaie compatible avec un dévelop-

---

1. Cf. André-Jacques Holbecq et Philippe Derudder, *La Dette publique, une affaire rentable. À qui profite le système ?*, Éditions Yves Michel, 2008.

pement réellement soutenable et ouvrant la voie à des réformes du système monétaire officiel.

Ce type de monnaie, qui inclut un dispositif antispéculatif, puisque la monnaie perd de sa valeur si elle n'est pas utilisée, a souvent existé dans l'histoire. Un bon exemple, cité par Bernard Lietaer, un des anciens responsables de la Banque centrale de Belgique, est celui de la construction des cathédrales[1]. Cet investissement, explique-t-il, n'a été possible que parce que la valeur à long terme du bien que l'on construisait paraissait plus grande que la valeur de la monnaie que l'on dépensait à court terme. Si, à l'époque de la construction de la cathédrale de Chartres, la ville avait pu avoir recours à des placements financiers qui lui auraient rapporté 15 % en un an, elle aurait probablement joué la carte des placements financiers plutôt que celle de la cathédrale...

En matière de développement soutenable, on parle nécessairement d'investissements lourds et dépourvus de rentabilité immédiate – ou, plutôt, leur seule rentabilité immédiate est de commencer à éviter le pire... Mais il faut sortir du court-termisme, c'est-à-dire faire en sorte que le

---

1. Voir notamment son livre *Monnaies régionales : de nouvelles voies vers une prospérité durable*, préfacé par Michel Rocard, Éditions C.L. Mayer, 2008.

placement strictement financier n'ait plus d'intérêt, voire suscite du désintérêt. Ce serait bien sûr la fonction d'une taxe sur les transactions financières, laquelle, considérée il y a dix ans comme utopique, farfelue et inapplicable, est aujourd'hui prônée aussi bien par le Parlement européen et la Commission européenne que par les gouvernements français et allemands. Il est vrai qu'il s'agit là souvent d'effets d'annonce non suivis d'effets, puisque par exemple les paradis fiscaux, que Nicolas Sarkozy considérait comme un problème réglé, ont pratiquement doublé de volume au cours de son mandat[1]. En tout état de cause, cette taxe devrait être plus élevée que ne le prévoient ses récents partisans – de l'ordre de 2 % plutôt que de 0,05 %.

---

1. Cf. la récente enquête du magazine de France 2 *Envoyé spécial*, dans laquelle un expert britannique évalue à 20 000 milliards de dollars les flux financiers transitant dans les paradis fiscaux en 2011, alors qu'ils représentaient 11 000 milliards quelques années auparavant.

Pour une réappropriation démocratique de la monnaie

Face à la crise des monnaies officielles, qu'il s'agisse de l'euro ou du dollar, les monnaies sociales proposent une tentative ambitieuse de réappropriation démocratique de la monnaie, valorisant les circuits citoyens, écologiques, sociaux. Elles instaurent des modes d'échanges alternatifs, soucieux du développement humain collectif plutôt que de l'enrichissement spéculatif de quelques-uns. On peut citer les exemples de la banque Palmas, née dans une favela brésilienne, à Fortaleza, du Chiemgauer en Allemagne, des Fureai Kippu au Japon, ou encore, plus près de nous, du « Sol » qui circule dans plusieurs régions de France, en particulier à Toulouse sous le nom de « Sol Violette »[1].

Il ne s'agit pas là de projets purement expérimentaux ou locaux. Bernard Lietaer a démissionné de la Banque centrale de Belgique sur le constat que les banques centrales accéléraient la crise

---

[1]. Le lecteur intéressé trouvera nombre d'informations complémentaires sur ces sujets dans le hors-série du mensuel *Alternatives économiques*, « La richesse autrement », mars 2011, ainsi que dans le cahier d'espérances « Richesses et monnaies », que l'on peut consulter sur le site des États généraux de l'économie sociale et solidaire, www.pouruneautreeconomie.org.

financière au lieu de la contrer. Il a alors proposé une monnaie mondiale, la « Terra », en partant du principe que le dollar ne pourrait pas longtemps rester à la fois monnaie des États-Unis et monnaie mondiale – une ambiguïté sur laquelle repose tout le système monétaire international défini après guerre à Bretton Woods. La crise du dollar à l'été 2011 a rouvert le débat sur la création d'une monnaie mondiale. Et, s'il faut créer une monnaie commune et non unique, autant faire en sorte qu'elle soit au service d'un développement soutenable. Bernard Lietaer suggère donc, pour empêcher la spéculation, que la « Terra » perde de la valeur si on ne l'utilise pas. Une semblable approche pourrait être adoptée par l'Europe, et elle constituerait même un moyen de sauver l'euro en évitant la destruction de richesses humaines considérables qu'entraînent les programmes d'austérité actuels. Il s'agirait en fait de revenir au projet initial de l'euro, qui était d'être une monnaie *commune et non unique* ; au lieu de recréer des monnaies nationales classiques, qui auraient tôt fait de devenir la proie de nouveaux mouvements spéculatifs, on organiserait une architecture de monnaies écologiques et sociales non spéculatives, réorientant ainsi les investissements vers le développement humain soutenable.

*Pour un audit des richesses réelles
et un retour à la notion effective de « bénéfices »*

Une telle démarche suppose de procéder préalablement à ce que l'on pourrait nommer un « audit des richesses réelles », sur le modèle de l'enquête publique lancée par le conseil régional des Pays de la Loire, l'Observatoire de la décision publique et le Forum pour d'autres indicateurs de richesse dans le but de repérer ce qui, pour la population d'un territoire, compte le plus[1].

Nous sommes en effet arrivés à un point où les deux outils de base de l'économie – la comptabilité et la monnaie – ne parviennent plus à rendre compte de nombre de richesses réelles. Or, s'il est commode de disposer d'une unité de compte commune permettant de dépasser la logique du troc, encore faut-il s'assurer que cette unité, en l'occurrence monétaire, qui n'est qu'une représentation symbolique de la richesse, exprime, même grossièrement, un rapport à la richesse réelle. C'est la raison pour laquelle les comptables d'une entreprise doivent accomplir annuellement cette tâche ingrate

---

[1]. Voir dans le hors série sur la richesse d'alternatives économiques, l'expérience des Pays de Loire. http://www.alternatives-economiques.fr/? emb = 908srub = 18.

qu'est l'inventaire afin de vérifier sur une portion du stock physique de biens que les chiffres du bilan et du compte de résultat ne sont pas totalement déconnectés du réel. Cette déconnexion atteint aujourd'hui un niveau gravissime, dans un contexte marqué par le gonflement démesuré de l'économie spéculative, la sophistication croissante des produits financiers et la crise de systèmes comptables qui s'intéressent uniquement aux flux monétaires et non à la nature des activités.

Il serait opportun de réinventer une véritable comptabilité de « bénéfices » en redonnant à ce terme son sens originel – celui de bienfaits et non de profits financiers. La notion de bénéfices vient en effet de la « comptabilité du salut » médiévale, outil destiné à déterminer si un individu était plutôt sur la voie de la damnation ou sur celle du salut, à une époque où l'on considérait qu'il était essentiel de ne pas se tromper de chemin[1]. Or n'est-ce pas justement ce dont nous avons besoin à l'heure où fait retour la question du salut pour l'humanité ?

Une comptabilité monétaire enregistre positivement des activités dangereuses ou destructrices pour les humains et pour la nature dès lors

---

1. Cf. Jacques Le Goff, *La Bourse et la vie. Économie et religion au Moyen Âge*, Hachette Littératures, 1986.

qu'elles génèrent des flux monétaires, alors que, d'un autre côté, elle n'enregistre pas d'autres activités, pourtant utiles et vitales, si elles ne se traduisent pas par des flux monétaires. Autant dire qu'elle ne nous renseigne absolument pas sur la question qui est redevenue essentielle pour nous : sommes-nous sur la voie de la perte, ou bien l'humanité, menacée par des méfaits qu'elle produit elle-même contre elle-même ou contre sa nature nourricière, se prépare-t-elle au sursaut ? Ce que nous avons besoin de savoir, c'est si nous sommes positifs dans la colonne des bénéfices/bienfaits ou dans celle des pertes/méfaits – que ces derniers constituent des atteintes à nos écosystèmes ou à des richesses humaines, à l'image par exemple d'un degré de souffrance au travail susceptible de pousser des salariés au suicide.

L'avantage d'un tel type de comptabilité, c'est qu'il génère une forte élévation de la qualité démocratique sur un territoire. Tout d'abord, il associe les citoyens à l'élaboration du catalogue des richesses réelles. Ensuite, il offre la possibilité de classer certaines activités dans une catégorie intermédiaire (baptisée D comme doute, débat, discernement) : chaque fois qu'il y a incertitude sur la nature réelle d'une activité (bienfait ou méfait ?), elle entre dans cette catégorie, ce qui permet à cette occasion d'approfondir la délibération et la réflexion. Enfin, il intègre des données aussi bien quantitatives que qualitatives, hiérarchisant les bénéfices et les nuisances par des + et des –, sans contraindre ses utilisateurs à quantifier, voire monétariser, des biens écologiques ou relationnels, ni à accepter, comme le notent Florence Jany-Catrice ou Dominique Méda, que « ce qui n'est pas compté ne compte pas[1] ».

Économie plurielle, mutation du travail et revenu d'existence

Ce type de projet s'inscrit dans une économie plurielle, une économie où le marché a toute sa place, mais rien que sa place. L'économie publique y tient aussi son rôle, de même que l'économie sociale et solidaire. On peut parler alors d'économie « avec marché » plutôt que d'économie « de marché », pour reprendre des termes que l'on doit à René Passet et Jacques Robin[2]. Une économie seu-

---

1. Voir leurs articles respectifs ainsi que ceux de Jean Gadrey dans le hors-série « La richesse autrement » d'*Alternatives économiques* déjà cité.
2. Jacques Robin, *Changer d'ère*, Seuil, 1989 ; de René Passet, de très nombreux ouvrages méritent d'être lus ou relus, en particulier *Les Grandes Représentations du monde et de l'économie à travers l'histoire*, Les Liens qui libèrent, 2010.

lement publique engendrerait, à l'inverse, le risque d'une dérive bureaucratique et administrée.

Cette « économie plurielle avec marché[1] » tire ainsi les leçons de l'échec cuisant de la version étatique et productiviste du socialisme. André Gorz est sur ce point extrêmement clair dans *Écologie et politique* :

> S'il se sert des mêmes outils, le socialisme ne vaudra pas mieux que le capitalisme ; s'il perfectionne les pouvoirs de l'État sans favoriser en même temps l'autonomie des communautés et des personnes, il risque de basculer à son tour dans le techno-fascisme. L'expansion de cette autonomie est au centre de l'exigence écologiste. Elle suppose une subversion du rapport des individus à leurs outils, à leur consommation, à leur corps, à la nature[2].

Quant à la question de la mutation du travail, elle se trouve au cœur de la société de la connaissance. Si la sortie « barbare » du capitalisme correspond à un retour à une économie de domesticité, où une armée de serviteurs seront condamnés à accepter des boulots précaires et sous-payés, la sortie « civilisée » est liée à la promotion de ce qu'Hannah Arendt appelait l'« œuvre » et Gorz le passage

---

1. Guy Aznar, Alain Caillé, Jean-Louis Laville, Jacques Robin, Roger Sue, *Vers une économie plurielle*, Syros, 1997.
2. André Gorz, *Écologie et politique*, Seuil, 1978.

du « travail contraint » au « travail choisi ». C'est la thèse que ce dernier développe dans *Métamorphoses du travail*[1]. Elle le conduira à évoluer sur la question fondamentale d'un revenu social « suffisant » découplé du travail :

> L'idée à elle seule du revenu d'existence marque une rupture. Elle oblige à voir les choses autrement et surtout à voir des richesses qui ne peuvent prendre la forme valeur, c'est-à-dire la forme de l'argent et de la marchandise[2].

Son but n'est pas de perpétuer la société de l'argent et de la marchandise, ni le modèle de consommation dominant des pays dits développés. Il est au contraire de soustraire les chômeurs et les précaires à l'obligation de se vendre – en d'autres termes, de « libérer l'activité de la dictature de l'emploi[3] ». Signe des temps : le revenu de base a fait l'objet d'un film allemand à la fois pédagogique et convaincant, qui montre que cette revendication a dépassé les seules terres alternatives pour être désormais portée par des acteurs aussi ancrés dans le système que des députés SPD (Parti social-démocrate allemand)

---

1. André Gorz, *Métamorphoses du travail. Quête du sens*, Galilée, 1988.
2. André Gorz, *Ecologica*, Galilée, 2008, p. 153.
3. *Ibid.*, p. 150.

ou CSU (Union chrétienne-sociale), ou encore des entrepreneurs[1].

AUX SOURCES ÉMOTIONNELLES DE LA CONNAISSANCE

L'une des approches les plus originales de Gorz consiste à réinterpréter la conception marxienne de la contradiction entre forces productives et rapports sociaux de production à la lumière de la mutation informationnelle et des nouveaux enjeux anthropologiques qu'elle exprime.

Arrêtons-nous sur cet extrait de son livre posthume *Ecologica* :

> La principale force productive n'est ni le capital machines ni le capital argent mais la passion vivante avec laquelle ils imaginent, inventent et accroissent leurs propres capacités cognitives en même temps que leur production de connaissance et de richesse. La production de soi est ici production de richesse et inversement ; la base de la production de richesse est la production de soi.

L'expression clé, dont le caractère novateur tranche par rapport à d'autres analyses, est celle de « passion vivante ». Elle renforce la notion de mobilisation des « capacités cognitives » qui est

---

1. On peut facilement trouver ce film sur Internet en tapant dans un moteur de recherche « film revenu de base ».

au cœur de l'instrumentation de l'intelligence par le capitalisme. Mais, comme il n'y a pas d'intelligence sans désir, Gorz fait un pas supplémentaire en s'intéressant aux sources émotionnelles de ces capacités cognitives, y compris dans leur dimension individuelle, puisque « la base de la production de la richesse est la production de soi ». D'où cette approche anthropologique très présente dans *Ecologica* :

> Nous naissons à nous-mêmes comme sujets, c'est-à-dire comme des êtres irréductibles à ce que les autres et la société nous demandent et permettent d'être. L'éducation, la socialisation, l'instruction, l'intégration nous apprendront à être Autres parmi les Autres, à renier cette part non socialisable qu'est l'expérience d'être sujet, à canaliser nos vies et nos désirs dans des parcours balisés, à nous confondre avec les rôles et les fonctions que la mégamachine sociale nous somme de remplir.

Et, au cœur de cette mégamachine sociale, nous trouvons la publicité, cette machine à orienter le désir par excellence. C'est dans le deuxième chapitre de *L'Immatériel* que Gorz analyse ce processus :

> La production d'images de marque est la branche la plus florissante et profitable de l'industrie de l'immatériel, et la source la plus importante de rentes de monopole. Avec l'industrie du marketing, de la publicité, du styling, du design, etc., elle remplit cependant une fonction double :

une fonction proprement économique et commerciale, d'une part, politique et culturelle, de l'autre[1].

Cette mutation de la valeur symbolique du produit a pour effet de déplacer la création de valeur sur un terrain où les progrès de productivité peuvent rester sans effet notable sur le niveau des prix. Gorz ajoute :

> Le capital fixe immatériel de la firme comprend maintenant sa notoriété, son prestige, constitutifs d'un capital symbolique, et le talent, le savoir-faire, la créativité des personnels qui produisent la dimension quasi artistique des articles.

Une nouvelle contradiction marxienne ?

Quelle va être la conséquence de ce changement ? Voici ce qu'en dit André Gorz :

> La connaissance, l'information sont par essence des biens communs, qui appartiennent à tout le monde, qui donc ne peuvent devenir propriété privée et marchandisée sans être mutilés dans leur utilité. Or si la force productive décisive (celle de l'intelligence, de la connaissance) ne se prête pas à devenir une marchandise, les catégories tra-

---

[1]. André Gorz, *L'Immatériel. Variation sur le thème de la production de soi*, Galilée, 2003.

ditionnelles de l'économie politique entrent en crise : le travail, la valeur, le capital[1].

En prolongeant son analyse, nous pourrions dire que les nouvelles forces productives, celles de la mutation informationnelle (et j'ajouterai de la révolution du vivant), tendent vers un triptyque qui aurait fait rêver les franges les plus radicales du mouvement ouvrier : le triptyque socialisation croissante, abondance et horizon de la gratuité. On peut y adjoindre la réduction continue du temps de travail et le développement des logiques de réseaux.

Mais ces évolutions structurelles se heurtent non seulement à des rapports privés de production, comme le notait Marx, mais à ce que je suggère d'appeler des « rapports sociaux émotionnels » construits sur le paradigme de la rareté. Et les effets de contradiction psychique sur le plan tant collectif qu'individuel sont alors majeurs. On ne peut bien vivre la socialisation que si l'on est construit en tant qu'individu. Si ce n'est pas le cas, la peur de l'absorption par le tout social produit une aspiration à un individualisme exacerbé et radicalise la demande de privatisation. L'abondance est un état magnifique pour des personnes

---

1. André Gorz, *Ecologica*, *op. cit.*, p. 19.

et des groupes structurés, au clair à propos de leurs valeurs et de leurs choix de vie ou de société. Mais elle est source de vertige et de dépression dans des sociétés éthiquement déstructurées, comme l'avait bien pressenti Keynes. L'horizon de la gratuité devient insupportable lorsque la formation de la valeur économique repose sur le couple rareté/cherté.

L'enjeu clé est dès lors de reprendre le pouvoir sur sa propre vie :

> Le front du conflit est partout où est en jeu le droit des personnes sur elles-mêmes, sur leur vie, sur leur capacité à se produire et à se comprendre comme sujets, à donner sens, à résister à tout ce qui et à tous ceux qui les dépossèdent de leur sens, de leur corps, de leur culture commune, d'un lieu où ils puissent se sentir « chez soi » et où l'agir et le penser, l'imagination et l'action puissent s'épanouir de concert[1].

Vive le REV !

Préparer une sortie civilisée du capitalisme en résistant à sa régression barbare : quelle stratégie construire dans cette perspective ?

---

1. André Gorz, *Misères du présent, richesse du possible*, Galilée, 1997, p. 183.

Il existe un trépied transformateur inscrit dans l'histoire et que nous avons aujourd'hui besoin de reconstituer : celui de la résistance créatrice (**R**), de l'expérimentation anticipatrice (**E**) et de la vision transformatrice (**V**). Ces trois éléments sont inséparables. Une résistance sans perspective et sans expérimentation devient une simple révolte, souvent désespérée et désespérante. Une vision transformatrice sans résistance et sans expérimentation devient un simple horizon idéal sans traduction incarnée. Une expérimentation coupée de la résistance créatrice et de la vision transformatrice devient une soupape de sûreté ou une caution du système dominant sans capacité à le transformer. Ainsi, le mouvement ouvrier mutualiste n'a pas attendu que sa vision transformatrice d'un système global de protection sociale soit réalisée pour opposer une résistance créatrice à l'inacceptable de la condition ouvrière au début du capitalisme industriel en développant l'expérimentation des caisses de secours mutuel.

Notre époque nous fournit de nombreuses illustrations des conséquences négatives qui surviennent lorsque le trépied est éclaté :

– des luttes réduites à des révoltes sans avenir, comme ce fut le cas ces dernières années à l'occasion de la fermeture de certaines entreprises ;

– des visions utopiques sans incarnation, comme on le voit dans toute une frange des mouvements alternatifs ;
– des expérimentations se réduisant à limiter la casse occasionnée par le système dominant sans parvenir à le transformer, à l'exemple de la lutte contre l'exclusion et la grande pauvreté (le cas du microcrédit étant emblématique à cet égard).

Construire des alternatives aux logiques de rivalité

En réalité, les trois éléments du trépied s'incarnent aujourd'hui dans des mouvements transformateurs tels que l'économie sociale et solidaire née aux XIXe et XXe siècles, le mouvement altermondialiste apparu au début du XIXe siècle ou le mouvement international des Indignés, d'organisation encore plus récente. Il est essentiel que ces mouvements s'associent dans une stratégie coopérative globale afin de se renforcer mutuellement et de construire une alternative aux logiques de rivalité. Car de telles logiques peuvent causer autant de dégâts dans l'univers alternatif que dans le système qu'il prétend combattre.

Dans le cadre de cette stratégie coopérative globale, il est important de rappeler que, à l'origine, le mouvement « associationniste[1] » – dont les formes statutaires peuvent être coopératives, mutualistes ou associatives – n'est pas limité à l'économie. Que l'on pense aux classes coopératives de Célestin Freinet, pour le volet éducatif, au projet de phalanstère de Charles Fourier ou au familistère réalisé par Jean-Baptiste Godin, pour ce qui concerne l'habitat et le mode de vie, ou encore aux nouvelles formes politiques proposées par le saint-simonisme et le socialisme dit « utopique » ou de tradition libertaire. C'est sur l'ensemble des faits sociaux que doit se construire une alternative à la logique de rivalité, à l'individualisme et au modèle autoritaire, que ceux-ci s'expriment dans l'entreprise, dans l'éducation ou dans le rapport au pouvoir.

Des alliances à faire vivre ou à construire

Dans cette perspective, il nous faut construire des alliances dynamiques dans les territoires. Les collectivités territoriales peuvent être des partenaires privilégiés pour les acteurs de la société civile dési-

---

1. Cf. Roger Sue *Lien d'association et production de l'individu* in Ph. Merlant, R. Passet, J. Robin, *Sortir de l'économisme. Une alternative au capitalisme libéral*, Paris, Éditions de l'Aube, 2003.

reux de promouvoir une alternative aux logiques de dureté et de rivalité. Car ce sont elles qui subissent de plein fouet les retombées globales de la crise, puisqu'elles voient les sollicitations augmenter alors que leurs ressources se tarissent. Les associations, qui avaient compensé en partie les réductions des subventions de l'État en se tournant vers les collectivités territoriales, souvent conduites par des équipes de gauche, risquent d'être particulièrement pénalisées par les nouvelles restrictions budgétaires imposées à ces dernières.

La période est donc propice à la définition d'un pacte global. En effet, les collectivités vont avoir besoin de développer des formes de relocalisation de l'économie appuyées sur des banques non spéculatives et plus proches du terrain, ce qui favorise potentiellement l'économie sociale et solidaire, à condition que celle-ci se recentre sur ses valeurs fondatrices. Par ailleurs, il va leur falloir s'appuyer sur de nombreuses richesses en grande partie invisibles car non monétaires, notamment ce « capital social » considérable que représente la vie associative. Elles peuvent donc être sensibles à une autre approche de la richesse et de la monnaie, terrain sur lequel les acteurs de l'économie sociale et solidaire ont fait preuve d'une grande capacité d'anticipation au cours des dix dernières années.

Territoires en transition

C'est dans cette perspective que pourrait s'inscrire un mouvement de « territoires en transition », élargissant doublement le concept de « villes en transition » lancé ces dernières années en Grande-Bretagne pour anticiper les effets du sevrage de pétrole (voir encadré ci-dessous).

Il n'y a pas lieu en effet de se limiter aux seules villes ni à la seule question de la raréfaction du pétrole. D'autres territoires, plus larges ou plus restreints, peuvent se prêter à ce type d'expérience. Et la plupart des expérimentations menées concernent déjà tous les domaines de la vie économique et sociale, ce qui n'est pas surprenant compte tenu du caractère multiforme de la dépendance au pétrole. Ces « pactes de transition » auraient par nature des déclinaisons spécifiques à chaque territoire, mais aussi un tronc commun permettant de prendre en compte les aspects écologiques, sociaux et de gouvernance démocratique de ces processus. La France elle-même pourrait devenir un territoire en transition et œuvrer pour que l'Europe s'engage dans la même voie transformatrice.

---

1. Sources : www.transitionnetwork.org, http://www.villesentransition.net/transition/introduction/villes_en_transi-

> **Villes en transition**
>
> Le mouvement de « transition » est né en Grande-Bretagne en septembre 2006 dans la petite ville de Totnes. L'enseignant en permaculture Rob Hopkins avait créé le « modèle de transition » avec ses étudiants dans la ville de Kinsale, en Irlande, un an auparavant. On compte aujourd'hui plus de 250 initiatives de « transition » dans une quinzaine de pays, réunies au sein du « réseau de transition » (Transition Network). Certaines voient le jour dans des communautés francophones en Europe et en Amérique du Nord. Le principe est d'inciter les citoyens d'un territoire (village, commune, ville ou quartier) à prendre conscience du pic pétrolier, de ses implications profondes et de l'urgence de s'y préparer en mettant en place des solutions pour réduire ses émissions de CO_2 et sa consommation d'énergie d'origine fossile, selon le Plan d'action de descente énergétique créé par la collectivité et fondé sur une vision positive de son avenir. Chaque collectivité locale doit trouver par elle-même les solutions qui lui conviennent en fonctionde ses ressources et de ses enjeux. Il n'y a pas de réponse toute faite. Le modèle de transition offre un cadre de travail cohérent mais non coercitif.

---

tion, ainsi que le site du mouvement Colibris de Pierre Rabhi, qui s'inscrit dans le même type de démarche : http://www.colibris-lemouvement.org.

> Une initiative de transition est une sorte de « toit » commun qui reconnaît les réalisations portées par d'autres (associations, Agenda 21, entreprises, etc.) et soutient les projets qui correspondent aux objectifs[1].

La force de la « bonne volonté »

Au-delà de ces objectifs, il s'agit aussi de rassembler ceux que Romain Rolland appelait les « hommes de bonne volonté ». Tous ces acteurs, hommes ou femmes, individuels ou collectifs, ont pour point commun de considérer que la déclaration universelle des droits humains n'est pas un chiffon de papier, un simple produit de communication ou le cheval de Troie du néocolonialisme. Ils appartiennent à des familles politiques ou spirituelles très diverses, ils sont de tous âges, de toutes nationalités, de toutes origines ethniques ou culturelles et de toutes professions. Ils ne croient pas que paix rime avec résignation, liberté avec ultralibéralisme, recherche spirituelle avec intégrisme, goût d'entreprendre avec mépris social. Ce sont ces forces immenses et mondiales qui, aujourd'hui, parviennent à contrer les logiques régressives par

---

1. Voir http://villesentransition.net

leur résistance passive ou active et permettent de comprendre « pourquoi ça ne va pas plus mal[1] ».

Mais la puissance des logiques destructrices est désormais telle que l'alliance de la résistance au pire et de la créativité de terrain ne suffit plus. Si, comme nous le dit Coline Serreau, il faut prendre appui sur les solutions locales qui se construisent face au désordre global[2], il s'agit maintenant d'aller encore plus loin dans les stratégies alternatives.

Des forces déjà présentes

Les forces sur lesquelles s'appuyer pour promouvoir cette qualité supérieure de paix, de liberté et de conscience pour l'humanité sont d'ores et déjà présentes. C'est même parce qu'elles le sont que le monde n'a pas encore basculé dans la guerre, alors que la situation de nos sociétés est sur bien des points aussi catastrophique, voire plus, que dans les années 1930. Il y a belle lurette que les injustices et les diverses formes de domination auraient dû provoquer des émeutes beaucoup plus nombreuses et violentes que celles que nous avons connues dans

---

1. Cf. Patrick Viveret, *Pourquoi ça ne va pas plus mal ?, op. cit.*
2. Voir son beau film *Solutions locales pour un désordre global.*

les banlieues françaises en 2005 ou britanniques en 2011. Si cela ne s'est pas produit, c'est parce que l'essentiel de ces forces alternatives ont choisi de ne pas user des mêmes armes que le système qu'elles dénoncent.

On l'a bien vu avec le printemps arabe, le mouvement altermondialiste, les Indignés européens nés en Espagne, l'étonnante occupation pacifique de Wall Street ou encore – bonne surprise dans le contexte de logique guerrière et coloniale qui règne avec le gouvernement Netanyahou – les manifestations qui ont rassemblé 400 000 personnes dans la modeste ville de Tel-Aviv. Même face à la pire répression, des foules sans armes continuent de se dresser contre des chars, comme en Syrie. L'image de cet homme seul face à un char place Tiananmen, à Pékin, pourrait sans doute constituer le symbole de tous ces nouveaux mouvements qui ont choisi délibérément la non-violence. Dans les rares cas où c'est un choix différent qui a été fait, par exemple en Lybie, le résultat de la lutte armée n'est guère probant. En fait, nous sommes bien en présence de mouvements révolutionnaires, compte tenu de la radicalité des transformations dont ils sont porteurs, mais qui ont tiré les leçons des révolutions antérieures, et notamment celle du caractère contre-productif des tentatives violentes de prise de pouvoir.

Du bon usage des arts martiaux

Il est toutefois important de renouveler les formes des stratégies de non-violence active. Leurs manifestations les plus connues comportent souvent une part « sacrificielle » qui se révèle insatisfaisante. C'est pourquoi il nous faut regarder du côté de formes fondées sur le plaisir, l'intelligence, le rire et... le judo.

Dans les années 1960, le mouvement américain de lutte contre la pauvreté et la discrimination raciale a inventé la stratégie du jiu-jitsu de masse, en particulier sous l'impulsion de Saul Alinsky, travailleur social dans les quartiers défavorisés de Chicago. Barack Obama s'est inspiré de cette stratégie et a su gagner en s'appuyant sur des forces sociales novatrices, mais il en a malheureusement oublié les principes une fois à la Maison-Blanche[1]. Dans l'ouvrage de référence de Saul Alinsky, *Rules for Radicals*[2], on trouve les treize règles qui définissent la tactique pour une action de lutte transformatrice réussie. Certaines pistes sont tout à la fois ludiques et fort efficaces :

---

1. Hillary Clinton, de son côté, a consacré son mémoire de maîtrise de sciences politiques à Saul Alinsky.
2. Malheureusement traduit en français sous le titre fort peu subversif de *Manuel de l'animateur social* (Seuil, 1978).

– le pouvoir n'est pas seulement ce que vous avez, mais également ce que votre adversaire croit que vous avez ;
– mettre l'adversaire au pied du mur de ses propres déclarations morales ;
– le ridicule est l'arme la plus puissante dont l'homme dispose ;
– une tactique est bonne si vos gens ont du plaisir à l'appliquer ;
– la menace effraie généralement davantage que l'action elle-même ;
– en poussant suffisamment loin un handicap on en fait finalement un atout.

Citons encore cette leçon de réformisme radical qui lie stratégie subversive et capacité de négociation :

Une attaque ne peut réussir que si vous avez une solution de rechange toute prête et constructive. Vous ne pouvez vous laisser prendre au piège par l'adversaire qui brusquement virerait de bord et accepterait de satisfaire à vos revendications en vous disant : « Nous ne savons pas comment régler ce problème, dites-nous comment faire. »

Sans nous !

La pratique de la non-coopération dont Gandhi a montré l'efficacité s'inscrit dans une telle perspective. La servitude volontaire ou inconsciente joue un rôle déterminant dans les stratégies de domination. La principale arme de l'oppresseur siège dans le cerveau de l'opprimé. C'est pourquoi la base de toute stratégie transformatrice est d'identifier les liens avec le système dominant qui ne sont pas strictement indispensables afin de s'en affranchir et d'organiser des circuits d'échanges qui s'y substituent : est-il possible de se nourrir, de se vêtir, de se loger, de se soigner, de se déplacer, etc., autrement ? Pour avancer dans cette direction, on peut prendre appui sur des éléments simples. Par exemple, une fonction vitale telle que la respiration n'a pas été instrumentée par le système marchand – du moins à ce jour ! De même, peut-on encore aimer et apprécier la beauté gratuitement, et la plus grande partie de notre santé relève en fait de l'autoguérison.

En analysant ces processus, on constate que, même dans des sociétés hypercapitalistes, la part quotidienne des échanges non marchands est bien supérieure à celle des échanges marchands. Plusieurs démarches peuvent découler de ce constat :

– la première consiste à identifier un cercle de confiance, c'est-à-dire des acteurs avec lesquels on va pouvoir s'organiser et échanger prioritairement, soit directement et sans compter (amis, famille), soit en passant par un système de compte et d'échange fondé sur la réciprocité (SEL, monnaies sociales comme le Sol, échange de temps, de savoir, etc.[1]). Plus ce cercle est capable de répondre par ses propres moyens à la masse critique des besoins et des désirs de ses membres, plus il est autonome par rapport à l'extérieur. Il faut aussi construire une interaction entre les cercles. Au sein d'un cercle plus large, la confiance ne se fonde pas sur la connaissance directe, mais sur la communauté de valeurs ou sur la confiance en une autorité ou un processus. Les exemples de ce type de démarche vont de l'économie sociale et solidaire à eBay ;

– la deuxième démarche est le repérage des éléments susceptibles de mettre en danger ce processus d'auto-organisation. Il peut s'agir d'adversaires clairement identifiés, vis-à-vis desquels l'approche inspirée des arts martiaux pourra être pratiquée, mais aussi – et c'est plus souvent le cas qu'on ne le croit – de logiques plus diffuses de servitude inconsciente ou volontaire : les combattre sup-

---

1. Toutes ces initiatives disposent de sites Internet.

pose alors une prise de conscience préalable du fait que le problème est « en nous » et pas seulement chez autrui ;

– la troisième démarche consiste à analyser les leviers d'action et les alliés potentiels, ainsi que nous l'avons indiqué lorsque nous avons traité des alliances et des territoires en transition.

Même face au pire

Même face au pire, on peut pratiquer la résistance créatrice et témoigner de la possibilité d'une humanité digne.

C'est ainsi que des personnes dans des situations désespérées ont su trouver des ressources de vie au cœur de la tragédie : Stéphane Hessel dans la poésie, qu'il se récite pour échapper au désespoir ; Etty Hillesum, capable de témoigner de la joie de vivre au cœur d'un camp de concentration ; Soljénitsyne osant dire dans la nuit sombre du goulag : « Si le mensonge doit régner sur le monde, au moins que ce ne soit pas par moi » ; Bruno Bettelheim ou Primo Levi tirant des leçons de l'inhumain pour mieux tenter ensuite de soigner des humains…

Méditons cette admirable phrase d'un sage musulman arrêté par les Français pendant la guerre d'Algérie : « Si vous m'envoyez en exil, ce sera pour moi un pèlerinage ; si vous me mettez en prison, ce sera une retraite ; si vous me mettez à mort, je porterai témoignage[1]. »

Réussir l'aventure du XXIe siècle

Dans ce basculement que nous sommes en train de vivre, il s'agit donc non seulement de résister au chaos, mais de reconstruire un lien social pour le nouveau monde à venir. Ce monde n'est pas celui d'un nouveau Moyen Âge où des seigneurs imposeraient leur pouvoir en échange de la protection dans une société atomisée. C'est celui d'une citoyenneté terrienne où les humains apprendraient à pratiquer entre eux et dans leur rapport à la nature des stratégies de collaboration plutôt que de rivalité ou de prédation. La méthode du REV(e) consiste, en mettant en facteur commun une capacité d'évaluation(e) et de discernement, à organiser la résistance, comme le font les Indignés, à construire l'imaginaire positif d'une démocratie planétaire, comme le fait le mouvement altermondialiste, et à mettre en œuvre sans

---

[1]. Cette phrase m'a été rapporté par Henryane de Chaponay, dont la vie extraordinaire vouée tout entière à la résistance pour les droits humains Pour en savoir davantage sur sa vie : en.wikipedia.org/wiki/Princess_Henriette_of_Belgium.

attendre des formes d'organisation anticipatrices de cette vision transformatrice, à l'instar de l'économie sociale et solidaire, mais aussi, plus largement, de tous les acteurs qui veulent donner un contenu concret au projet humaniste dans tous les secteurs de l'activité économique, sociale, citoyenne et spirituelle.

Le manifeste de ce mouvement global pourrait être celui de la déclaration universelle des droits humains, amendée sur deux points :

a) l'exigence de droits citoyens mondiaux valables pour tout être humain, femme ou homme (ce serait au passage un moyen de placer le droit des femmes au cœur de ce processus) ;

b) la reconnaissance de nos devoirs à l'égard de la nature : le projet de Charte de la Terre fournit déjà une première mouture intéressante[1].

Le socle de ce processus pourrait être constitué par les cercles de confiance. Interagissant entre eux du niveau local au niveau mondial afin d'éviter les logiques de repli identitaire, ils formeraient des espaces démocratiques où serait débattue et mise en œuvre la satisfaction des besoins fonda-

---

1. Mikhaïl Gorbatchev en a proposé une première version, enrichie ensuite par le réseau de l'Alliance pour un monde responsable, pluriel et solidaire, soutenu par la Fondation Charles-Léopold Mayer pour le progrès de l'homme (FPH).

mentaux (nourriture, logement, soins, éducation, etc.) par l'échange mutuel, facilité par des systèmes de monnaie et de comptabilité sociétale. À l'image de ce qui s'est passé en Argentine au moment de l'effondrement de la monnaie officielle, le peso, il s'agit d'organiser des bourses d'échange et un système de crédit mutuel. Jusqu'à 7 millions d'Argentins ont pu, grâce à de tels dispositifs, continuer à répondre à des besoins vitaux tout en cultivant le plaisir du vivre-ensemble. Il faut toutefois méditer les deux raisons principales qui ont empêché cette tentative de se prolonger, en tout cas à une échelle massive, afin de ne pas tomber dans les mêmes pièges :

– la déstabilisation extérieure, qui peut être évitée par la sécurisation de la monnaie sociale : c'est ce que prévoit par exemple le projet Sol, sécurisé par une carte à puce ou un téléphone portable, ou, comme à Toulouse, par des billets intégrant une puce électronique ;

– plus important encore, la déstabilisation intérieure, liée au fait que le fétichisme de l'argent a la vie dure...

Dans cette perspective, il faut mettre en réseau toutes les innovations sociales et écologiques de ces dernières années – AMAP, circuits courts, financements solidaires pouvant s'appliquer également au foncier (cf. les expériences type « terre de liens »), villes en transition –, mais aussi toutes les approches renouvelées des technologies de la communication : les logiciels libres et les réseaux sociaux peuvent être de puissants moyens au service tant de la résistance que de la diffusion des informations relatives aux expérimentations anticipatrices ou à l'innovation démocratique.

Réussir l'ABS !

Encore faut-il, pour organiser la marche vers ces sociétés du « bien-vivre », veiller à ne pas laisser en friche le chantier de l'ABS, le rapport à ces trois quêtes fondamentales tant des individus que des groupes humains que sont l'amour, le bonheur et le sens, dont nous avons vu dans la troisième partie de ce livre qu'ils constituent souvent les points aveugles de nos logiques transformatrices. Si nous n'apprenons pas à nous élever en amour (plutôt que de tomber), à vivre le bonheur comme une qualité d'intensité (et non comme un ennui) et à nous nourrir de la pluralité des traditions de sens (au lieu d'en faire un enjeu guerrier), nous aurons beau chercher à « remettre l'humain au centre », cet humain-là sera trop tragique pour être supportable.

Oui, il nous faut prendre en compte l'ampleur de ce défi. Dès lors que le capitalisme financier – la marchandisation – n'a plus les moyens de nous divertir car il a atteint des seuils d'insoutenabilité écologique et économique, alors le chemin qui s'ouvre devant nous est soit celui de la régression vers des logiques de chaos, soit celui de la progression vers une qualité supérieure d'humanité. C'est là qu'il nous faut nous appuyer sur cette création de valeur[1] comme force de vie, sur cette reconnaissance de l'altérité comme chance et non comme menace, sur cette conscience supérieure qui fait de notre voyage terrien dans l'univers un privilège à partager avec nos compagnons de route en humanité. C'est là que l'humanité, qui a dit « je » pour la première fois en déployant le pire de sa capacité d'autodestruction morale et physique à Auschwitz et à Hiroshima, peut commencer à dire « je » positivement : moi, famille humaine, pleinement consciente de ma vulnérabilité, de mon ambivalence, mais aussi de cette capacité inouïe qui m'est donnée de transformer de l'énergie attractive en amour et de l'information en conscience, je choisis la voie de la vie plutôt que celle de la destruction. Alors, enfin, les membres de cette famille humaine pourront dire non seulement « Nous les peuples » – que l'on a trop souvent confondu avec « Nous les États » –, mais aussi

---

1. Valor, en latin, c'est en effet la force de vie physique (cf un corps valide) ou psychique (cf être valeureux).

se lever tous ensemble pour crier : « Nous, citoyens de cette Terre, commençons pour de bon l'aventure du XXIe siècle ! »

Et l'Europe ?

S'agit-il d'une vision totalement idéaliste, ou exagérément optimiste ? En ces temps de dépression et de crise en Europe, je voudrais défendre l'idée que, sans en avoir conscience – et c'est bien là le problème –, empiriquement, douloureusement, maladroitement, l'Europe s'est engagée dans la voie de cette aventure. Je m'appuie, pour formuler cette hypothèse, sur un rapport commandé en août 1963 par John Fitzgerald Kennedy, remis en 1966 à son successeur et largement oublié depuis. À l'époque, alors que les États-Unis tentaient de construire une coexistence pacifique durable avec l'URSS, Kennedy posait la question suivante : quelles conséquences aurait un système mondial fondé sur une paix durable ? La réponse, terrible mais prévisible, apportée par le groupe pluridisciplinaire consulté fut : en l'état actuel de nos connaissances, le système fondé sur le pouvoir de faire la guerre est trop structurant dans tous les domaines – économique, social, culturel et bien sûr militaire – pour pouvoir envisager de l'abandonner. Ce rapport, commenté par John Kenneth Galbraith dans un livre intitulé *La Paix indésirable ?*[1], mérite d'être relu, car il permet de mieux comprendre pourquoi nos sociétés ont un besoin vital de se fabriquer des ennemis quand les logiques de paix menacent de s'installer durablement. On l'a vu avec la guerre contre le terrorisme dès le début du XXIe siècle ; on le voit aujourd'hui en France avec la tentative d'une présidence affaiblie et déshonorée pour stigmatiser l'ennemi intérieur sous les traits de l'immigré ou du Rom.

Ces attitudes régressives peuvent aussi être lues comme des sursauts désespérés des anciennes formes de pouvoir pour se maintenir face aux nouvelles qui cherchent à s'inventer. Ce que le rapport américain appelait le « système de la guerre » est aujourd'hui fortement ébranlé, et c'est tout particulièrement vrai en Europe. Le pouvoir fondé sur le droit de vie et de mort exercé par un individu ou une minorité y est miné par l'abolition de la peine de mort, la fin de la conscription à vocation militaire et l'abandon de l'horizon de la guerre comme élément structurant de l'organisation d'une société,

---

1. John Kenneth Galbraith, *La Paix indésirable ? Rapport sur l'utilité des guerres*, Calmann-Lévy, 1984 ; voir aussi sur ce sujet le beau texte d'Elisabeth Meichelbeck, « Agir pour être », revue *3e millénaire*, 14 décembre 2010.

notamment au sein de ses jeunes générations. Le problème est que cette évolution, qui constitue une véritable première dans l'histoire cruelle de l'humanité, n'est pas vécue consciemment et ne donne pas lieu à la construction d'alternatives positives au trépied mortifère de la guerre, du service militaire et de la peine de mort.

L'Europe renonce certes à la guerre, mais elle ne se dote pas d'une vision et d'une politique mondiales dynamiques, organisées autour de la promotion de la paix, ce qui supposerait une lutte implacable contre toutes les sources possibles de guerre – le cocktail explosif de l'humiliation et de la misère, la destruction des écosystèmes ou le choc des civilisations. Elle abolit la peine de mort, mais son système judiciaire reste fondé sur une logique prioritairement punitive plutôt que préventive et réparatrice. Elle met fin presque partout au service militaire obligatoire, mais sans se donner les moyens d'organiser un service civique intergénérationnel qui permettrait d'asseoir des politiques et des contributions sociales et publiques sur la durée de vie et non plus sur les seules activités marchandes.

Bref, l'Europe reste au milieu du gué, perdant les derniers vestiges de son ancienne puissance dominatrice sans afficher pour autant le dynamisme d'une puissance créatrice. Une bonne partie de son impuissance, de sa fragmentation, voire de sa dépression, vient de là.

Mais cette situation pourrait changer si des forces se conjuguaient pour promouvoir une politique européenne au service de la construction d'une paix mondiale fondée sur les droits civiques, la justice sociale, la préservation de nos écosystèmes et l'exigence de solidarité. Et la France pourrait sortir de sa propre régression en travaillant à redonner tout leur rayonnement à ces trois mots si forts lorsqu'on ose assumer pleinement leur liaison dynamique : liberté, égalité, fraternité !

CONCLUSION

De la joie de vivre

Imaginons un observateur qui, à la veille de la crise de 1929, aurait prédit à la fois l'enchaînement de catastrophes économiques, sociales, politiques et civilisationnelles qui allait se produire et la poursuite de la logique de la société de marché : on l'aurait traité d'ultrapessimiste. Si le même observateur avait ajouté : « Mais au-delà des guerres, des totalitarismes, des génocides, au-delà de l'arme de destruction massive que des humains expérimenteront, au-delà de la haine et de l'effondrement moral qui divisera l'Europe, je vois la possibilité d'une Europe de paix, d'une réconciliation entre les peuples, même entre le français et l'allemand, qui se sont tant affrontés », là on aurait vu en lui un utopiste carrément délirant. Et pourquoi pas aussi un Noir président des États-Unis ou une femme chancelière en Allemagne ?....

L'humanité a mis en place des systèmes de rétribution fondés sur la rareté. Gagner de l'argent, prendre le pouvoir, acquérir la gloire, accumuler les conquêtes sexuelles : c'est toujours le couple rareté/possession qui est au cœur du processus. Et le plaisir est lié à cette possession : la jouissance des possédants devient la vitrine de sociétés qui placent la possession suprême aussi bien dans l'aspiration lucrative à base individualiste (exemple du capitalisme) ou dans un pouvoir à base collectiviste (nomenklatura des pays communistes) que dans la captation du sens à base religieuse (fondamentalismes).

La contrepartie de la jouissance des possédants, c'est bien sûr le malheur des dépossédés. Organiser la rareté de l'argent, du pouvoir, du savoir, du sens, est constitutif du paradigme de la possession. C'est pourquoi la logique de domination est intrinsèquement liée à ce modèle. Lequel a aussi une contrepartie plus subtile pour les dominants eux-mêmes : la peur et le mal-être. Peur de perdre ce pouvoir, cet argent, cette gloire si difficilement acquis ; peur des autres dominants, toujours prêts à étendre leur propre emprise ; peur de la révolte des dominés ; peur de l'avenir, donc, puisqu'il faut en permanence se protéger contre des dangers potentiels. Et s'il y a peur – ou plus précisément angoisse, car il s'agit d'une peur diffuse, indistincte, face à un ennemi que l'on ne sait le plus souvent pas nommer –, alors il y a forcément mal-être. Le possesseur est lui-même possédé, comme l'avait bien vu Dostoïevski. La jouissance non seulement ne peut être partagée avec autrui, puisqu'autrui la menace, mais même pas complètement avec soi-même. J'ai beau être Rothschild au sommet de ma fortune ou Staline au sommet du pouvoir, j'ai peur, je vis dans la crainte permanente, et j'ai la certitude que cette menace, un jour ou l'autre, se concrétisera sous la forme supérieure de la perte radicale : ma propre mort. Comble de l'ironie, la seule façon d'atténuer quelque peu cette peur de la perte totale est de transmettre ce bien, ce pouvoir à d'autres, ses enfants, par exemple, à travers l'héritage ou la dynastie. Petit embryon d'altruisme paradoxal au cœur de la logique possessive, qui nous renseigne sur l'impasse du processus possessif...

Y a-t-il une alternative à ce jeu pervers où même les gagnants finissent par perdre ? La réponse est oui, et même évidemment oui, pour peu qu'on sache se poser la bonne question, à savoir : à quels moments de ma vie me suis-je senti profondément bien ? N'était ce pas précisément dans des situations où le sentiment de gratuité était beaucoup plus fort que le sentiment de possession ? Gratuité de la beauté d'un paysage, du temps partagé avec des personnes aimées, de l'acquisition de connaissances qui m'éclairent soudain sur un sens caché... Cette gratuité-là, loin de m'isoler comme la possession, loin de me rendre étranger aux autres, à la nature, par l'exploitation ou la domination, en m'enfermant dans l'aliénation, me relie au contraire : je trouve pleinement ma place sans que cela empêche quiconque de trouver la sienne. Je suis reconnu sans que cela revienne à nier l'existence d'autrui. Je trouve un sens à ma vie sans que cela exclue d'autres sens possibles pour d'autres êtres humains. Et lorsque je revisite ces grandes passions humaines que sont la richesse, le pouvoir, le sens, la connaissance, l'amour sous toutes ses formes, je découvre qu'elles sont toutes à double face. Les mots mêmes que j'emploie expriment cette dualité. Prenons par exemple le verbe pouvoir. Écrit en minuscules, comme un verbe auxiliaire qui n'a de sens qu'avec un complément, ce « pouvoir de », ainsi que le note Claire Héber-Suffrin, est un pouvoir de création démultiplié par la coopération avec autrui. Le substantif POUVOIR écrit en majuscules et qui se suffit à lui-même, au contraire, est un pouvoir fondé sur la conquête et qui génère le plus souvent de la peur et de la domination. Il en va de même pour la richesse dès lors que je me pose la question (comme l'ont fait les cinquièmes Assises nationales du développement durable) : qu'est-ce qui compte vraiment dans nos vies ? Même la richesse monétaire est à double face, car la monnaie retrouvant son rôle originel est facilitatrice de l'échange et de la démultiplication de richesses ; elle devient alors source de paix, comme le rappelle d'ailleurs l'étymologie – le verbe latin *pacare* a donné aussi bien « pacifier » que « payer ». Et on retrouve une même double face dans le savoir, le sens, l'amour…

Dans ces conditions, quelle est la nature de la jouissance éprouvée à travers la gratuité, l'ouverture, l'altérité ? Elle est profondément jubilatrice. Elle est pleinement joie de vivre. Elle n'a pas peur d'autrui, devenu compagnon de route dans le voyage en humanité. Elle n'a pas peur de la nature, du cosmos, des dieux ou de Dieu, car le mystère de l'univers est lui-même source tout à la fois de curiosité et de contemplation. La mort même n'est plus une ennemie, mais une alliée dans la dégustation de la vie, dans ce chemin vers l'essentiel qui en fait une « sculpture du vivant ». Cette jubilation peut dès lors être pleinement éprouvée au présent, sans peur de l'avenir.

Pourquoi cet art de vivre « à la bonne heure », cette joie de vivre que nous pouvons ressentir pleinement lorsque nous nous autorisons à puiser dans notre nappe phréatique intérieure, dans cette « eau de vie » profonde qui nous anime, seraient-ils exclusivement de nature individuelle ? Puisque nous avons vu qu'ils sont d'emblée en rapport avec autrui et avec la nature, pourquoi ne seraient-ils pas profondément sociétaux et écologiques ? Pourquoi ne seraient-ils pas – osons le mot – profondément politiques ? Après tout, l'art de la *polis*, la cité grecque originelle, c'est précisément l'art par excellence du vivre-ensemble et de la gouvernance commune des collectivités humaines.

Si nous nous engageons dans une telle voie, ce sont ces grands faits sociaux du politique, de l'économique, de la culture qu'il nous faut revisiter, en plaçant au cœur de leur refondation le paradigme de la suffisance plutôt que de la rareté, du mieux-être plutôt que du beaucoup avoir, du partage plutôt que de la possession.

L'amour, nouvelle frontière de l'humanité ?

Aujourd'hui font retour les trois questions majeures du bonheur, du sens et de l'amour que le capitalisme a instrumentées afin d'en détourner l'énergie au service des logiques lucratives. Aux deux bouts de la chaîne sociale, des plus riches aux plus pauvres, un cri monte : qu'est-ce qui donne sens à nos vies ? À ceux qui vivent dans la misère, seule l'entraide fraternelle est de nature à offrir une alternative à la violence, comme on le voit aussi bien dans les favelas brésiliennes que dans les bidonvilles africains ou indiens. Et cette entraide est la seule source possible de sens et de joie de vivre. Du côté des plus riches, ce qui frappe, c'est l'inanité de l'accumulation de richesses, incapable de fournir sens, amour et bonheur. À l'instar de Bill Gates, les plus fortunés cherchent par la philanthropie à combler le vide de leur vie. Il ne faut évidemment pas être dupe : ils escomptent bien en tirer des bénéfices en termes d'image. Le *green washing*, l'*ethical washing*, le *citizen washing*, tous ces nouveaux artifices de communication qui recouvrent d'un vernis vert, moral et citoyen nombre d'agissements douteux des ultrariches de la planète, sont à juste titre dénoncés. Mais la com' elle-même constitue un indicateur. Elle signe l'impossibilité de faire du cynisme une proposition de vie sociale. Car le cynisme est l'autre nom du désespoir. C'est d'ailleurs la raison pour laquelle il est rare que des vrais cyniques se révèlent capables d'assumer complètement les conséquences de leur vision du monde. Tout comme les « demi-savants » dont parlait Pascal, nos sociétés sont peuplées de « demi-cyniques » qui s'arrangent pour que des fins lointaines plus avouables justifient leurs moyens actuels inavouables.

Nous avons donc de nouveau rendez-vous avec l'essentiel : le développement dans l'ordre de l'être plutôt que la croissance indéfinie dans l'ordre de l'avoir. N'est-ce pas là pour l'humanité un défi passionnant à relever et prometteur pour la suite de son aventure consciente dans l'univers ?

Pour aller plus loin

Plusieurs initiatives témoignent de la vitalité d'une énergie citoyenne dont nous avons besoin face aux logiques destructrices d'un monde en train de mourir. Voici quelques liens pour en savoir plus et, éventuellement, les rejoindre !

– le Pacte civique : http://www.pacte-civique.org/Accueil
– Tous candidats 2012 : pour une république des consciences (en lien avec le mouvement Colibris de Pierre Rabhi) : http://www.touscandidats2012.fr/
– Appel du Centre de recherche et d'information pour le développement (Crid) : « Libérons les élections. Des alternatives pour réinventer la démocratie » : http://www.crid.asso.fr/spip.php?breve136
– Dialogues en humanité : http://dialoguesenhumanite.org/
– L'Appel des appels : pour une insurrection des consciences : http://www.appeldesappels.org/ (voir aussi l'ouvrage collectif sous la direction de Barbara

Cassin, Roland Gori et Christian Laval, *L'Appel des appels. Pour une insurrection des consciences*, Mille et une nuits, 2009)
– Article paru dans *L'Express* : « Les créatifs culturels vont-ils faire basculer l'élection de 2012 ? » : http://www.lexpress.fr/actualite/environnement/les-creatifs-culturels-vont-ils-faire-basculer-l-election-de-2012_1055716.html
– la permaculture : http://fr.wikipedia.org/wiki/Permaculture
– les Associations pour le maintien d'une agriculture paysanne (AMAP) : http://fr.wikipedia.org/wiki/Amap
– les Sociétés coopératives d'intérêt collectif : http://fr.wikipedia.org/wiki/Soci % C3 % A9t % C3 % A9_Coop % C3 % A9rative_d % 27Int % C3 % A9r % C3 % AAt_Collectif
– les Systèmes d'échange local, ou SEL : http://fr.wikipedia.org/wiki/Syst % C3 % A8me_d % 27 % C3 % A9change_local
– le Sol (monnaie complémentaire) : http://fr.wikipedia.org/wiki/Sol_% 28monnaie_compl % C3 % A9mentaire % 29
– le commerce équitable : http://fr.wikipedia.org/wiki/Commerce_% C3 % A9quitable
– Appel pour le revenu de vie : http://appelpourlerevenudevie.org/

Table des matières

PRÉFACE 7
PROLOGUE : Les tours et les tentes 15

PREMIÈRE PARTIE
Sortons du mur !

La fin de ce monde n'est pas la fin du monde   25
    *Construire la résilience,
préparer la métamorphose* 28
    Dépasser la peur, sortir du mur 31
Soyons le changement que nous proposons ! ... 33
    *Une perspective pour l'Europe,
un enjeu pour la France* 35
    De l'oligarchie à la tentation autoritaire   39
    Résistance et démocratie 43
    *Non à une Europe et à une France
repliées sur elles-mêmes* 45
L'énergie du désir face à la sidération 46

DEUXIÈME PARTIE
Au-delà de la crise, les rendez-vous critiques de l'humanité

Au cœur de la crise systémique, la démesure ... 51
   Économie financière :
   l'euphorie et la panique 54
   Démesure et crise sociale 57
   Démesure du rapport au pouvoir 58
Derrière la démesure, le mal de vivre 58
   La satiété joyeuse, alternative au couple
   démesure-mal de vivre 62
Le retour de la question du salut 63
L'après-modernité : l'enjeu d'un dialogue
   de civilisations ouvert et exigeant 65
Les enjeux politiques de la sagesse 71

TROISIÈME PARTIE
La cause humaine

Une espèce qui ne s'aime pas 75
De la peur de la mort à l'audace de vivre 79
Jouer à 2012 85
Que ferait un ministère de la Défense
   de l'humanité ? 89
L'ambivalence de la condition humaine 95
L'amour, le bonheur, le sens en procès 101

De l'amour 103
Le procès du bonheur 107
La question du sens 110
L'enjeu de la qualité démocratique 111
Quel rôle pour l'humanité dans l'univers ? 113
*De l'amour, de la haine
et de la conscience* 115

QUATRIÈME PARTIE
La stratégie du désir

Le désir d'humanité face à la sidération 121
Oser penser un au-delà du capitalisme :
l'apport d'André Gorz 126
*Le risque de sortie « barbare »
du capitalisme* 129
*Les conditions d'une sortie « civilisée »
du capitalisme* 131
La question des trois dettes 132
Le rôle des monnaies sociales 136
*Pour une réappropriation démocratique
de la monnaie* 139
*Pour un audit des richesses réelles
et un retour à la notion effective
de « bénéfices »* 141
*Économie plurielle, mutation du travail
et revenu d'existence* 144

Aux sources émotionnelles
   de la connaissance 147
      Une nouvelle contradiction marxienne ? . 149
Vive le REV ! 151
      Construire des alternatives aux logiques
      de rivalité 153
      Des alliances à faire vivre
      ou à construire 154
      Territoires en transition 156
      La force de la « bonne volonté » 158
      Des forces déjà présentes 159
      Du bon usage des arts martiaux 161
      Sans nous ! 163
      Même face au pire 165
Réussir l'aventure du XXIe siècle 166
      Réussir l'ABS ! 169
      Et l'Europe ? 171

CONCLUSION : De la joie de vivre ! 175
      L'amour, nouvelle frontière
      de l'humanité ? 180

POUR ALLER PLUS LOIN 183

Achevé d'imprimer en février 2013
par Normandie Roto Impression s.a.s., à Lonrai

Dépôt légal : mai 2012
N° d'impression : 130801
Imprimé en France